朝日新書
Asahi Shinsho 792

ルポ　トラックドライバー

刈屋大輔

朝日新聞出版

まえがき　トラックドライバーが稼げたバブル時代

ドラフトでその日の相棒を指名する

大学受験に失敗し、浪人生活が決まった一九九二年三月。私は佐川急便でアルバイトをすることになった。すでに同社でバイトに励んでいた高校時代の野球部同期から誘われたのがきっかけだった。その同期は、上司である同社社員から「何時間働いてもヘコタレない〝体育会系男子〟を掻き集めてほしい」と依頼されたのだという。

前年夏に高校野球を引退して以降、勉強中心の生活を送り、ろくに身体を動かしていなかった。しかし、およそ二年半、〝ガチな高校野球〟に取り組んだおかげで、体力には自信があった。予備校通いが本格化するまでの向こう一カ月間、とくに予定もなかった。

そして、なによりも同期から伝えられたバイト代が魅力的だった。時給は一五〇〇円（当時の記憶は少し曖昧だが、コンビニのレジ打ちなどの時給よりもはるかに高かったという記憶がある）。働ける時間も長く、短期間で稼ぐにはもってこいの仕事だった。迷わず同期の誘いに乗ることにした。

数日後、都内の某営業所に出向いた。履歴書を持参して面接に臨んだところ、体格で判断されたのか、「即採用」となった。三月は年度末ということもあって、猫の手も借りたいくらい忙しいらしい。すぐに働いてほしいとのことだった。言われるがまま、翌日から出勤した。

出社は毎日午前六時。営業所に到着すると、更衣室のラック（棚）から、サイズごとに山積みされた、クリーニング済みのユニフォーム（制服）を取り出して、急いで着替えを済ませる。佐川急便のセールスドライバーたちと同じ、ブルーの横縞模様のシャツに紺色のスラックスという出で立ちだ（当時は薄黄色のシャツも使用していた）。

しばらくすると、準備運動（ラジオ体操）が始まる。私のようなバイトスタッフを含めて五〇人ほどが、まだ暗がりの残る空の下で、眠たそうに身体を動かしている。

体操の後は朝礼だ。いつも「今日も一日安全運転で」という決まり文句で締め括られる管理者の訓示が終わると、セールスドライバーたちは一斉に〝ドラフト〟に取り掛かる。

ドラフトとは、セールスドライバーたちがその日、自らハンドルを握るトラックの助手席に乗せる相棒（補助員）を決める行為だ。補助員は、ドライバーの様々な業務をサポートするのが仕事で、その役回りはバイトスタッフが担うことになっていた。ドライバーたちは、すでに顔見知りだったり、過去にコンビを組んでみて仕事の力量がわかっている〝デキるバイト〟を次々と指名していき、自身のトラックに引き連れていく。

ちなみに、ドラフトは、私や一緒に働いた野球部同期が勝手にネーミングしたものだ。プロ野球球団が有望なアマチュア選手を指名する「ドラフト会議」に由来する。ドライバーたちが順番にバイトを指名していく様子がドラフト会議でのやり取りに似ていることから、彼らには知られないように、裏でこっそりとそう名付けて呼んでいた。

バイトにとって、どのドライバーにドラフトされるかはとても重要なことだった。無口な人、おしゃべりな人、優しい人、いつも怒っている人……ドライバーは個々に性格が異なる。運悪く、相性の合わないドライバーに指名されると、その日一日は常に緊張感を保ったままサポートしなければならない。

ドライバーごとに業務内容も違う。比較的重量の軽い荷物の積み降ろし作業だったり、依頼主から時折チップ（謝礼）がもらえる引っ越し作業のような「楽でオイシイ」仕事もあれば、二人がかりでないと持ち運びができない重量物を扱ったり、催事場への製品搬入とイベント終了後の製品搬出の双方を請け負うため、長時間の拘束を強いられる「きつくて辛い」仕事もある。その日どちらに当たるかはドラフト時の運で決まる。

誰に指名されようが、どんな業務をサポートしようが、バイトの時給は変わらない。だったら、精神的にも肉体的にも楽な仕事のほうがいい。毎日、祈るような気持ちでドラフトの〝運命の瞬間〟を待っていたことを思い出す。

居眠りするドライバーを起こす仕事

佐川急便の補助員バイトで、とりわけ印象に残っているのは、「ドライバーを起こす」仕事だ。とはいえ、モーニングコールではない。運転中に居眠りをしているドライバーに、助手席から声を掛けたり、左肩を揺すったりして、目を覚ましてもらう任務である。

前方との車間距離が縮まってきた。にもかかわらず、しかるべきタイミングでブレーキの始動がない。それこそが居眠りをしている証拠だ。慌てて声を掛けて、即座にブレーキを踏んでもらう。そうやって肝を冷やしながらやるのが「起こし」の仕事で、その場面に遭遇するのは一日に一度や二度ではない。

トラックで走行中、とくに午前中はこの「起こし」が頻繁に発生する。本来、補助員にとって、メーンの仕事は集荷先や配達先での荷物の積み降ろし作業で、トラックの車中で過ごす時間は休憩という位置づけであるはずだ。ところが、「起こし」には、ドライバーだけでなく、助手席にいる自分の命も懸かっている。それだけに当時は積み降ろし作業よりもはるかに重要なミッションという認識だった。

その日の体調や前日の睡眠時間から、「今日は危ない」と自覚しているドライバーが、乗車時に自ら「起こし」を依頼してくるケースも少なくなかった。ある日、私を指名してくれたドライバーの大野さん（仮名）もそうだった。

他のドライバーたちと同様、サイドを刈り上げたさっぱりとした髪型で、引き締まった細マッチョな体型の大野さんから「前夜は残業があって三時間しか寝ていない。そのせいか、缶コーヒーを流し込もうが、タバコを吸おうが、ガムを噛もうが、一向に眠気が収まらない。今日は確実に居眠り運転をしてしまう。だから、車内では常に前方と右横（大野さんの顔）を見ていてほしい」と懇願された。

コンビでの連携プレーが奏功し、幸いなことに、事故には至らなかったものの、その日の居眠りの発生頻度は尋常ではなかった。信号待ちのたびに居眠りをして、後方車からは始動を促すクラクションを何度も鳴らされる。ブレーキのタイミングが遅れ、前方車との車間距離が数十センチまで迫る。ハンドル操作が不安定で走行中に左右の車線を越えそうになる。そのたびに私は「大野さん！」とドライバーの名前を叫んだ。同乗している間、生きた心地がしなかった。

働きぶりが評価されたのか。その日の夜、業務終了後に大野さんが晩飯をご馳走してくれた。居眠り運転はさておき、とても性格の優しい方だったので、一日を一緒に過ごした私には、明日も大野さんに〝ドラフト〟されたいという気持ちが芽生えていた。

食事中に会話が弾めば、気に入ってもらえるかもしれない。そこで、大野さんに「どこに住んでいるの？」「部活は辛かった？」「彼女はいるの？」と聞かれた後、私からもいくつか質問をぶつけてみることにした。

スポーツカーを買うために佐川へ

「大野さんはドライバーの仕事を始めて何年目くらいですか？」

「佐川で働くようになってからは、ちょうど四年目かな。いま二五歳。トラックには一九歳の頃から乗っている。オレ、高校は出ているんだけど、勉強は苦手で、なにせ頭が悪いのよ。でも、車が好きで、車の運転にも自信がある。高校時代からのバイトで貯めたお金で、一八歳で運転免許を取った後、一年くらい地元でフラフラしていたけど、一九歳で東京に出てきて、迷わずトラックの運転手になったんだよね」

大野さんは北陸地方の高校を卒業後、いわゆるフリーター生活を一年ほど送った後に上京し、トラックドライバーの仕事を始めた。

就職先は地元の知人に紹介された、東京の下町エリアに本社を置く中小零細規模のトラック運送会社。小型の二トン車で毎日決められたルートを走り、小売店に食品などを配達してまわるのが、トラックドライバーとしての最初の仕事だった。

給与は手取りで月三五万円程度。二十歳前後の稼ぎとしては決して悪くない。ところが、大野さんは満足していなかった。どうしても手に入れたいものがあったからだ。日産自動車の「シルビア」。当時、〝走り屋〟たちの間で人気を博していたスポーツカーのハンドルを握ることが大野さんの夢だった。

大野さんの給与水準からすれば、「シルビア」は必ずしも手の届かない代物ではない。現金での一括払いでなくても、ローンを組めば、新車も中古車も購入できる。ただし、車にお金が掛かるとなれば、その分日々の生活費は切り詰めなければならない。

もっと稼ぎたい。そう思っていた大野さんの目に飛び込んできたのが、佐川急便の求人広告だった。「職種セールスドライバー、月給五〇万円以上（手取り）、営業成績次第で年一〇〇〇万円以上、年齢不問」――求人のチラシにはそう記載されていたという。高待遇に惹《ひ》かれた大野さんは下町のトラック運送会社を辞めて、佐川に転職した。

「いま実際にどのくらい稼いでいるのですか？」

「月に六〇万ちょっとかな。もちろん手取りで。念願の『シルビア』はすぐに買えたけど、すぐに飽きちゃって、いまは二台目の『スカイラインGT-R』に乗っている」

「確かにいまの仕事は稼げるけど、他の人にオススメはしないな。毎日遅くまで残業で、寝る時間がないから。休みもほとんどない。せっかく『スカG』を買ったのに、自分の車のハンドルを握る時間なんて全然ないんだから」

睡眠時間が短いのはその日だけではなかったようだ。大野さんは佐川に入社して以来、ほぼ毎日二～三時間の睡眠で過ごしてきたという。

確かに勤務時間は長かった。バイトでさえ、連日、家路につくのは午後十一時すぎ。さらに遅い時間になって危うく終電を逃しそうになり、駅までダッシュすることも少なくなかった。

午後六時すぎに、いったん営業所に戻って各所から集荷した荷物をトラックから降ろす。

ところが、それでその日の業務が終了とならないのが佐川での仕事だった。空になったトラックでもう一度走って、荷主の現場に向かい、手作業で荷物を一つひとつ積み込んで荷台を満載にしてから再び営業所に戻る。すると、いつも時計の針は午後一〇時を越えていた。

その後、バイトは着替えて帰るだけだ。ところが、大野さんのようなセールスドライバーたちはまだ仕事が終わらない。運転日報や営業日報の作成、伝票の整理といった事務作業を処理する。それを済ませると、今度は愛車（トラック）の洗車に取り掛からなければならない。

こうしたトラック降車後の残務がすべて終わる頃には、すでに日付は変わっている。佐川のセールスドライバーたちが一日に二〜三時間程度の睡眠しか確保できていない過重労働の実態は、バイトである私でさえ連日のように残業を強いられたことからも容易に想像できた。

３Ｋでも稼げた仕事が４Ｋに

会話が盛り上がったせいか、翌日以降もドラフトで頻繁に指名してくれるようになった大野さんをはじめ、バイト時代にお世話になった当時の佐川のセールスドライバーたちは、寝不足の影響でいつも眠そうにはしていたものの、その働く姿は皆、生き生きとしていた。

肉体的にも精神的にもきつい仕事であるにもかかわらず、毎日続けられる彼らのモチベーションを支えていたものとはいったい何だったのか。それは同業他社よりも圧倒的に高く、そして他業種と比べても遜色のなかった給与水準にほかならない。当時、「仕事は激務だが、三年我慢して働けば家が建つ」と言われるほど、佐川のセールスドライバーたちが手にする報酬は高額だった。

居酒屋チェーンのワタミの創業者である渡邉美樹《わたなべみき》氏は、佐川で一年働いて貯めた三〇〇万円を元手にビジネスをスタートした。物流大手SBSホールディングスの創業者である鎌田正彦氏も佐川のセールスドライバー出身だ。このほかにも、佐川での稼ぎを原資に事業に乗り出し、成功を収めている企業経営者は少なくない。

もっとも、稼ぎが魅力的だったのは佐川だけではない。佐川ほど破格ではなくても、当時、トラックドライバーの仕事は確実に稼げる商売だった。「きつい、汚い、危険」の3K仕事である代わりに、高い報酬が約束されていた。トラックドライバーの花形とされる長距離輸送の仕事では、年収が一〇〇〇万円を超えるケースもあった。

「もしも大学受験に失敗したら……もしも大学卒業後の就職先探しに苦戦したら……今度は正社員ドライバーとしてお世話になればいい」——体力だけは自信のあった一八歳の私にとって、佐川やトラックドライバーという職種は、万一の時に駆け込めば、十分に食っていけるだけの収入が得られる「安心して働ける仕事」という認識だった。だからこそ、浪人中の身であったが、自動車の運転免許は取得しておいた。

あれから約三〇年。

トラックドライバーの労働環境は一変してしまった。「3Kでも稼げた」のが、「3Kなのに稼げない」仕事になっている。それどころか、トラックドライバー職を、3Kに「稼げない（KASEGENAI）」の頭文字を加えて「4K仕事」だと揶揄《やゆ》する人もいる。

この三〇年の間にいったい何が起こったか。

ドライバーたちの〝いま〟に迫るため、私は再びトラックの助手席に乗せてもらうことにした。

*

本書を執筆するにあたって、長距離輸送を担う大型トラックのドライバーや、通販商品を配達する軽トラックのドライバーたちに密着取材し、日々の勤務実態や生活スタイルなど、生の声を拾った。取材したのは、ネット通販の普及などで物流需要が急拡大する一方で、その担い手であるドライバー人材の不足が社会問題としてクローズアップされ始めた時期だった。もちろん、新型コロナウイルスの感染拡大前である。トラックドライバーの仕事の臨場感が伝わるようにルポルタージュ形式でレポートし、第一部としてまとめた。

続く第二部の内容は新型コロナ以降に取材した。近年、人手不足を理由に、トラックドライバーたちの収入や待遇はやや改善されていく傾向にあった。しかし、新型コロナに伴う経済活動の自粛や景気の急速な悪化で、それがどう変化していきそうなのか。新型コロナはトラックドライバーたちの日々の業務にどのような影響を与えているのか。第一部と同様、その様子はルポ形式で報告することにした。

トラック運送業は人間の労働力に頼る割合の大きい労働集約型産業である。仕事としての拘束時間は長いのに、報酬が低いドライバー職は、この先も人材が集まりにくい状況が続くと目されている。そのため、経済界や物流業界では現在、新たな担い手を創造するための施策を講じるとともに、担い手の代替手段となりうるテクノロジーの開発を急いでいる。第三部では、そうしたドライバー不足解消に向けた最前線の取り組みを整理した。

ルポ　トラックドライバー　目次

写真（帯、第一章）／田川基成

第一部
トラックドライバーの現場から

第一章　長距離トラックドライバー

――高齢運転手が支える業界

自宅に戻るのは週二日だけ

二〇一六年十一月下旬の東京の湾岸エリア。羽田空港や東京港に程近い物流倉庫が立ち並ぶこのエリアには、夕方以降、たくさんのトラックが集まってくる。東京から全国各地に運ぶ荷物を積み込むためだ。歳暮やクリスマスなど年末商戦を目前に控え、この時期は荷物の出荷量が一年のピークを迎える。商取引に支障を来さないよう時間通りに目的地まで荷物を届けてくれるのはトラックドライバーたちだ。

倉庫周辺の路上では、ドライバーたちが次々とトラックを停めていく。それぞれ定位置があるのか、慣れた操作で、車線に左寄せしたり、中央分離帯に右寄せしたり。

北海道から九州まで、全国各地のナンバープレートをつけたトラックが物流倉庫近くの路上で待機する

トラックは、荷主の物流倉庫に到着したからといって、すぐに積み込み作業を始められるわけではない。出入りするトラックによる混雑を避ける目的で、荷主はトラックごとに倉庫のバース（荷物の積み降ろしスペース）に接車する時間帯を分刻みで設定している。多くのトラックは決められた時間になるまで倉庫周辺の路上などで待機しなければならない。

私が同乗させてもらった長距離輸送のトラックを運転するのは、首都圏の中堅運送会社に勤務する浅井さん（仮名）。彼はいつもこの待機時間を利用して夕食をとっている。この日のメニューは、小さめのコンビニ弁当にインスタント味噌汁。体格がいい

路上から物流倉庫に移動、さらにそこで荷積みを待つトラック

うえに、これから荷物の積み込み作業や長時間運転といった肉体労働が始まるわりには少食だ。
「お腹がいっぱいになると運転中に眠くなってしまうからね」と浅井さん。食事を終えた後、運転席に置いたタブレット端末でテレビのバラエティー番組を観ながら、しばらくくつろいでいると、指定の積み込み時間がやってきた。
東京のこの日の夕方の気温は一〇度前後。湾岸エリアは強い海風のせいか、気温よりも肌寒く感じる。それでも積み込み作業を始めると、すぐに短髪の浅井さんの額には汗がにじみ始めてきた。荷崩れが起きないように荷物をバランスよくカゴ車に積み、それをトラックの荷台奥まで手で押していく。パレット積みになっている荷物は手動のフォークリフトで持ち上げて荷

ロールボックスパレット、通称「カゴ車」の荷物を荷台に詰めていく。荷物を載せたカゴ車は1台当たり600キロ近くなることもある

台まで運ぶ。この作業の繰り返しが三〇分以上続いた。

作業用の軍手を外し、額の汗をぬぐいながら運転席に戻ってきた浅井さんに、運転前にもかかわらずかなりの重労働ですね、と声を掛けると、「いやいや、この程度の作業は楽なほうだよ。段ボール箱を一つずつ荷台に積みつけていく〝手積み〟だと、一台で二〜三時間掛かることもあるからね。飲料水など重い荷物を扱うと腰に負担が掛かるからとくにきついよ」と返ってきた。

この日の目的地である名古屋、大阪に向けて出発準備が整ったのは午後九時半。所属するトラック運送会社の千葉県内の営業所を出たのは午後六時頃だった。物流倉庫を出発す

荷物を積んだパレットを載せて引いているのがハンドリフト（手動のフォークリフト）。こうした荷役機器を使える作業だと肉体的負荷は小さくて済む

るまでに三時間半が経過していた。

浅井さんは五五歳（取材当時）。二〇歳の時に出身地の九州から上京し、トラックドライバーの仕事を始めた。当初は小型トラックで野菜などを運んでいたが、十数年前から大型トラックのハンドルを握る。今の勤務先では、主に東京〜名古屋〜大阪間（約六〇〇キロメートル）の長距離運行を担当している。

浅井さんは同区間を週に三往復する。月曜日夜に東京を出発し、名古屋に立ち寄った後、火曜日早朝に大阪に到着。営業所の休憩室で十分な睡眠をとって火曜日夜には再びハンドルを握り大阪を出発し、名古屋を経由して水曜日早朝に東京に帰還する。

午後9時半、東京を出発。休憩を挟みながら、翌早朝の大阪到着までハンドルを握る

水曜日夜には再び東京を出発して――という勤務シフトだ。三往復目は金曜夜の出発・日曜早朝の帰京となる。走行距離は月に一万五〇〇〇キロ。年間一八万キロに達する。

通常、一往復が終わると、千葉県内の営業所に戻り、雑務をこなした後、車で約一時間かけて同じ県内の自宅に帰る。もっとも、自宅に戻らず、運転席後方にある簡易ベッドで睡眠をとって、そのまま次の乗務に突入することも少なくない。そのため、自宅に戻るのは週二日程度だ。

運転後の就寝前に、食事とともに缶ビール一本を空けることもある。しかし、アルコールが残った状態でハンドルを握るわけにはいかない。乗務が続く月曜日から土曜日に深酒

出発前、運転席で束の間の休憩を取る。夜間の運転中に眠くならないようにするため、食事を控えめにするドライバーも少なくない

をすることはない。休日は三往復が終わる日曜日の朝から、月曜日の夕方まで。日曜日の昼から、自宅近くの行きつけの居酒屋で好きなだけ焼酎を飲むのが休日の楽しみだという。

午前一時。浅井さんの大型トラックは、中央自動車道（中央道）の阿智《あち》パーキングエリア（長野県）付近に差し掛かっていた。ここを越えるとすぐに中央道の難所の一つとされる「魔のカーブ」が待ち構えている。下り急勾配がしばらく続き、半径三〇〇メートルの急カーブに突入する。十数年前には、大型トラックなど二十一台が玉突き衝突し、複数の死者を出した重大事故が発生した危険ポイントとして、業界では悪名高い場所だ。

ハンドルを握る浅井さんの表情が引き締ま

ドライバーが長時間を過ごす運転席。その後方の簡易ベッドで仮眠することも

る。小雨の影響なのか、薄い霧が立ちこめていて、見通しはよくない。フットブレーキとエンジンブレーキを使いこなし、速度超過を抑えようとするものの、下り坂のため、前を走るトラックとの車間距離は縮まっていくばかり。二〇年間無事故という浅井さんの運転技術に信頼を寄せていたとはいえ、この難所を無事に通過するまでの数分間、身の危険をまったく感じなかったと言えば嘘になる。

中央道を走ることは予定外だった。通常、最初の積み降ろし地である名古屋には東名高速道路で向かう。しかし、この日、東名では約一〇キロメートルの渋滞が発生。これを回避するため、中央道ルートで名古屋を目指すことになった。

中央道は坂やカーブが多く、運転中に気を緩めることができない、ドライバー泣かせの道路といわれている。名古屋までの所要時間も東名ルートと比べ一時間程長くなる。そのため、「気力も体力も消耗する中央道は、可能なかぎり、走行を避けたいというのが本音。それでも、この道を選択したのは、荷主さんと約束している到着時間を厳守するためだ」と浅井さんは説明する。

名古屋に到着したのは、東京を出発して五時間後の午前二時半。ほぼ目標通りの到着時間だった。

年収は五〇〇万円で横ばいが続く

トラックドライバーの仕事は、肉体的、精神的な負荷が大きい上、拘束時間が長い。厚生労働省の二〇一九年の調査によれば、年間労働時間の全産業平均は二〇七六時間であったのに対し、大型ドライバーは二五八〇時間、中小型ドライバーは二四九六時間だった。月ベースだと大型ドライバーで四二時間、中小型ドライバーで三五時間長く働いた計算になる。

実際、この日、名古屋に到着した時点で、浅井さんの拘束時間はすでに八時間半を経過。

さらに大阪までの運転時間を加えると、ちょうど一二時間となる計算だ（休憩時間を含む）。

それでも、労働の対価は低く抑えられている。バブル全盛期の八〇年代後半には、「年収が一〇〇〇万円を超えるトラックドライバーも少なくなかった」（大手トラック運送会社社長）が、一九九〇年の規制緩和（新規参入要件の緩和、運賃の実質自由化など）で事業者間の競争が激化。以降、運賃値下げや景気低迷などの影響で、トラックドライバーの待遇は悪化した。

厚生労働省の調査によれば、二〇一九年度、大型トラックドライバーの年間所得額は四五六万円、中小型トラックドライバーは四一九万円。全産業平均の五〇一万円と比較すると、大型ドライバーで約一割、中小型ドライバーで二割ほど低い。つまり、トラックドライバーは、このおよそ三〇年の間に、きつくても稼げる仕事から、きついにもかかわらず稼げない職業に転落してしまった。

実際、浅井さんの年収は五〇〇万円弱。ここ数年、その額はほぼ横ばいだという。

トラックドライバーの数はピーク時に約九〇万人に達していた。しかし、総務省によれば、その数は二〇一五年時点で八〇万人にまで落ち込んだ。職業としての魅力が薄れてしまったことが大きく影響している。

夜が更けるにつれ、幹線道路を走る車はもっぱら大型トラックとなっていく

それと並行して、高齢化の波も押し寄せている。現在、トラックドライバーの約七割は四〇代以上で、全体の一五%を六〇代以上が占める。浅井さんも「社内や外部の仲間もドライバーたちはほとんどが四〇代以上」と指摘する。

その実態は同乗中にも確認できた。大阪市内に入る手前で事故渋滞に巻き込まれて減速走行している時、横並びとなった他のトラックの運転席を覗いてみると、確かにハンドルを握っているのは年配者ばかりだった。

事業者の約七割が人手不足感を訴えるなど、トラック運送業界ではドライバー不足が年を追うごとに深刻さを増しつつある。実際、トラックドライバーを含む「自動車運転の職業」の有効求人倍率は二〇二〇年一月時点で三・一四倍に達した。この水準は全産業平均の二倍以上に相当する。

中小零細のみならず、経営基盤が安定している業界大手にとっても、人材不足とドライバーの高齢化は悩みのタネだ。

「宅急便」を展開するヤマト運輸は、二〇一六年に新規格のセミトレーラーとフルトレーラーを開発、導入した。日本初となる新規格の車両には、従来タイプよりも、セミトレーラーで二本、フルトレーラーで六本多く、「宅急便」を積んだカゴ車を荷台に搭載できるといった特徴がある。

開発の目的はほかでもない。同社は「一回の運行でより多くの荷物を運べるようにして幹線輸送の効率化を図る。長距離ドライバー不足の解消といった効果も期待している」と明かす。つまり、人材不足を背景に、少ないドライバーでより多くの荷物を運ぶ手段を模索しているのだ。

さらに同社では、二〇一三年から推進している「バリュー・ネットワーキング構想」に基づき、関東の「厚木ゲートウェイ」、名古屋エリアの「中部ゲートウェイ」に加え、二〇一七年には「関西ゲートウェイ」を大阪府茨木市に新設した。

これは東京～大阪間を直通運転していた長距離幹線トラックを、東京～名古屋、名古屋～大阪といった具合に、各ゲートウェイ間を往復する「リレー方式」による運行に切り替えることで、一運行当たりの輸送距離を短縮し、長距離ドライバーの日帰り勤務を実現しようという試みだ。

震災後、家族が嫌がる職業に

SBSホールディングスもドライバー人材の確保に苦労している。同グループの中核会社であるSBSロジコムでは、契約社員ドライバーの正社員への切り替え、ドライバーに対する公平な人事考課を徹底するための管理者層に対する教育研修の強化など、ドライバーの待遇改善に取り組んできたが、その成果はまだまだ不十分だという。

ドライバーが集まらない背景の一つとして、同社では〝嫁ブロック〟を挙げる。採用を担当する齋藤かおり係長（取材当時）はこう指摘する。

「過去に経験もあるのでドライバー職に就きたいが、どうしても家族の理解が得られない、と入社を断念する応募者もいる。東日本大震災以降、何か天災が起こった際に、父親が不在だったり、すぐに自宅に戻ってくることができないような環境だったりすると不安なため、特に長距離ドライバーの仕事には就いてほしくない、と考える家族が増えているようだ」

ドライバーの仕事を続けていることに対し家族の同意を得られているのか。渋滞を抜けたところで、浅井さんにも尋ねてみた。

「うちは娘がすでに成人しているから、何日も家を空けていても問題はない。ただ、まだ小さい子どもさんがいるドライバーは、家族に寂しい思いをさせているだろうね。お父さんが学校の行事に参加できないとかね」

午前六時、トラックは大阪に到着。荷降ろしを終えて、この日の浅井さんの仕事は終了した。

免許制度改正で若年層確保へ

行政や業界団体もドライバー不足対策に向けて動き出している。

トラックドライバーという職業は、まず小型トラックで運転のノウハウや経験を積んで、中型トラック、大型トラックに乗務をシフトしていく、というのが通常のキャリアパスだ。そのため、特に高齢化の進む大型トラックの長距離ドライバーを安定的に確保していくには、いかにキャリアとしての出発点である小型トラックのハンドルを、若年層に握らせるかがカギとなる。

そこで、業界をとりまとめる全日本トラック協会では、国土交通省や警察庁など関係省庁と連携し、運転免許制度の見直しに着手した。その結果、三・五トン以上七・五トン未満のトラックを運転できる「準中型免許」が新たに創設されることになった。新制度は二〇一七年三月にスタートした。

「準中型免許」は、一八歳以上であれば「普通免許」がなくても取得が可能だ。さらに、免許取得時の技能教習は「普通免許」とほとんど変わらないなど、経済的負担も少ない。「準中型免許」をとれば、高校卒業後すぐに、宅配便を運んだり、コンビニのルート配送を行ったりするサイズのトラックに乗務できるようになる。

トラック運送業界では、この法改正によって、「仕事に就くためのハードルが下がることで、若年層が再びトラックドライバーという仕事に興味を示してくれるようになるはずだ」（全日本トラック協会）と期待を寄せている。

日本社会では、長時間労働が常態化する仕事のあり方に、厳しい目が向けられている。労働力への依存度が高いトラック運送業はそんな業種業態の一つだ。運転免許制度の見直しなどを通じて、仮に若年層をスタートラインに立たせることに成功したとしても、肝心の労働環境の改善が進まなければ、定着率の向上は期待できない。より待遇のいい仕事を求めて人材が他の業種に流れていくことは必至だ。

そうなれば、「トラックドライバーは現時点ですでに一〇万人超が不足している。二〇二八年にはその数が約二八万人に膨れ上がる」（鉄道貨物協会）という予測も現実味を帯びてくる。

浅井さんのような中高年の現役ドライバーたちがトラックから降りてしまったら、その後はいったい誰が荷物を運んでくれるのか。トラックドライバーが「きつくて稼げない仕事」であり続けるかぎり、その担い手として名乗りを上げる者は出てこない可能性もある。

第二章　軽トラの一人親方
――ネット通販の追い風に乗る

軽トラ運送市場の光と影

軽トラックや軽バンといった軽自動車を使って荷物を運ぶ仕事を「軽トラ運送業（貨物軽自動車運送事業）」という。立ち上げ時の車両の最低保有台数が五台に定められている「トラック運送業（一般貨物自動車運送事業）」とは異なり、車両一台で開業できる手軽さもあって、軽トラ運送業を営むのは個人事業主が圧倒的に多い。

軽トラ市場には、触れておかなければならない〝黒歴史〟がある。一九九〇年代、軽トラ運送業で独立開業を目指す、脱サラや定年退職した個人事業主たちに、配送の仕事を委託することを条件に、自社開発した高額な車両を、ローンを組ませたうえで売りつける会社が存在していたことだ。

大阪に本社を構えていた「軽貨急配」という上場物流会社は、「トラックを持たない運送会社」を謳《うた》い、個人事業主たちを組織化するかたちでネットワークを構築し、軽トラ事業を展開していた。同社は〝安定的に仕事を与える〟というニンジンをぶら下げて、独立開業を夢見る人たちを、新聞や雑誌の広告等で募集。継続的に仕事を斡旋《あっせん》していく代わりに、彼らに高額な自社開発車両をローンで購入することを強要した。

説明通りに仕事が委託されていれば、このビジネスモデルは詐欺に当てはまらないのかもしれない。ところが、ローンを組ませる際の約束はことごとく反故《ほご》にされ、同社から仕事が舞い込んでくることはほとんどなかった。仮に仕事が委託されたとしても、軽トラ運送業として経営が成り立つようなボリュームには満たなかった。結果として、同社の誘いに乗って車両を購入させられた個人事業主たちは多額のローン返済に苦しむだけだった。

軽貨急配の年商はピーク時に約四〇〇億円にまで達していた。しかし、九〇年代の不況や同業他社との競争激化、さらに右記のようなビジネスモデルが社会的に問題視され、既存顧客や実務を担う個人事業主離れが加速し、事業環境が急激に悪化。同社は二〇一一年、約二〇億円の負債を抱えて、経営破たん（倒産）した。

痛ましい事件も起きている。二〇〇三年九月の「名古屋立てこもり爆発事件」は、軽トラ運送業を展開する「軽急便」の名古屋支店で発生した。同社の契約ドライバーだった五〇代の男が、仕事の配分などへの不満から、支店内にいた社員らを人質に取って立てこもった。その後、男がフロア内にガソリンを撒いたことが原因となり、支店が爆発・炎上するという事件だった（「朝日新聞」2003年9月17日朝刊）。

爆発の瞬間がテレビで生中継された立てこもり事件は死者三人、負傷者約四〇人を出す大惨事となった。この事件は解明されていない点もあるが、背景には、被害を受けた「軽急便」側と犯行に及んだ契約ドライバーの間に、仕事の委託内容と業務実態などをめぐるトラブルがあった、とされている。

こうした詐欺まがいの商法や衝撃的な殺人事件の影響もあって、軽トラ運送業の独立開業は一時、下火となった時期があった。しかし、二〇一〇年代半ばを迎えると、ネット通販の普及による宅配便の需要拡大と、それに伴うドライバー不足を背景に、配達の担い手として再び脚光を浴びるようになった。旺盛な宅配便ニーズはこの先もしばらく続くとの見立てから、軽トラビジネスに新規参入する個人事業主が相次いだ。

実際、事業者の数は二〇一五年の時点で約一五万四〇〇〇社（同年三月末時点、軽霊柩およびバイク便を含む）だったが、三年後の二〇一八年には約一六万三〇〇〇社にまで増加している。

軽トラのハンドルを握るようになって、ちょうど二年目を迎えたという竹田勝さん（仮名）も、ネット通販の追い風に乗ろうと、軽トラ業の世界に飛び込んだ個人事業主の一人だ。二〇一九年五月、竹田さんの軽トラに同乗した。

朝一の積み込み作業に一時間

竹田さんの朝は早い。月曜日から土曜日までの週六日、毎朝五時に起床し、朝食や身支度を済ませて六時には家を出る。

一五分ほど軽トラを走らせて向かう先は、都内某所にある宅配便大手の配送デポ（営業所）だ。到着するとすぐに、その日の午前中に配達する分の積み込み作業を開始する。

自分が担当するエリアの荷物がカゴ車に山積みされている。それを車両に寄せて、次から次へと荷台に載せていく。素人眼には右から左へ単純に移し替えているだけに映るが、実は違う。午前中の早い時間帯に回る届け先の荷物は荷台の取り出しやすい場所に、遅い時間帯の分は奥に、その日に配る順番を頭の中でシミュレーションし、さながら〝立体パズル〟のように荷台のスペースを埋めていく。

物量が多くて荷物が載り切らないと途中でパズルを組み替えたりする。そのため、積み込み作業には通常一時間程度を要する。もちろん、すべて手作業で、助っ人（作業補助員）はいない。朝一番からかなりの重労働だ。

「確かに積み込みはきつい作業だけど、これをデポ側のスタッフにお願いするわけにはいかない。契約上、積み込み作業が受託業務の範囲に含まれているというのもあるけれど、自分でその日の配達分を荷台のどの部分に置いたのかをきちんと把握しておく、という意味でも大切な作業だ。他人に任せたら、荷物がどこにあるのかわからなくなって、かえって探すのに手間と時間が掛かってしまう」と竹田さん。

その後、伝票整理や点呼などを済ませて、七時半前には配送デポを出発、配達に向かう。配送デポでは正式な出発時間を午前八時に設定している。しかし、多くのドライバーたちが、それよりも前に配達を始める。その日に一つでも多く荷物を〝落とす〟（配達を完了する）ためだ。フライングして配達を始めることによって、不在を回避できる届け先もあるという。

実際、この日は八時までの間に三件の配達を済ますことができた。

「長く同じエリアを担当していると、『あそこの家やオフィスにはこの曜日のこの時間帯なら人がいる』といった情報が頭の中にインプットされるからね。積み込み時に、そのお客さんの荷物があることを見つけたら、この時間帯にトライしてみようかな、と。今日はその勘がズバリ的中したわけだけど、外れる日も結構ある」

竹田さんは四十代半ば。最近、急に増え始めたという白髪を上品な茶髪に染めている。妻と息子の三人暮らしだ。軽トラのドライバーに転じる前は印刷会社に勤務し、それなりのポジションに就いていた。生活は安定していたが、印刷業界は市場の縮小が続いていて、将来性がないと常日頃から感じていた。

ちょうど転職を検討し始めたときに、かつての職場仲間から軽トラビジネスの話を聞いた。彼は竹田さんより二年ほど早く脱サラして軽トラックを購入、個人事業主の一人親方に転じた。その後、宅配便大手からの増車依頼に応えていくかたちで、車両を一台ずつ増やしていった。今では常時七台を稼働させる〝一国一城の主〟だ。

「その元同僚から『軽トラの商売を始める』と初めて聞いたときには、正直なところ、『そんな仕事で儲かるわけがないだろう』と心の中では馬鹿にしていた。しかし、あっという間に車両とドライバーの数が増えていく様子を目の当たりにして、この商売にはチャンスがあるんだな、と。当時、メディアでは連日のように宅配便需要の急拡大で配達ドライバーが不足している、と報道されていた。そのニーズは長く続きそうなので、オレも挑戦してみようという気になった」

その後の竹田さんの行動は早かった。すぐに中古車販売業を営む知人から走行距離約四万キロの中古の軽トラを六〇万円で購入。黒ナンバー（営業ナンバー）の登録手続きなど独立開業に向けた準備に取り掛かった。

体重は三カ月で一〇キロ減

開業準備と並行して、宅配便会社や軽トラ運送会社が月一～二回の頻度で定期的に開催している「パートナー説明会」にも積極的に参加した。ネット通販会社などの荷主から宅配便の配達業務を委託されている元請け会社が、彼らの手足となって配達してくれる個人事業主や中小零細の軽トラ会社を〝リクルーティング（採用活動）〟するための会合だ。

業務委託料は一日一台いくらの車建てなのか。荷物一個いくらの個建てなのか。担当できるのは効率よく配れるエリアか。車両は持ち込みできるのか。それとも元請けが用意する車両をリースしなければならないのか。説明会を通じて様々な情報を収集するとともに、軽トラビジネスの〝先輩〟である元同僚にも色々と相談に乗ってもらった。

どの元請けがベストなのか、そもそも今の生活水準を守れるだけの実入りがあるのか、を見極める必要があった。しかし、「委託料をはじめ、契約の条件は各社で異なっているし、その内容には一長一短があって、なかなか決めきれなかった。右も左もわからない素人なのに、選り好みをしても仕方ないので、まずは経験を積むことが大事だと思い、自宅からも近い、今の配送デポにしばらくお世話になることにした」という。

大きな夢を抱いて飛び込んだ軽トラビジネスの世界だったが、現実はそれほど甘くはなかった。午前六時すぎからの肉体労働は、途中一時間の休憩を挟んで午後八時頃まで続く。繁忙期には、休憩さえ取れない。小脇に荷物を抱えながら、ひたすら街中を走り回る。

開始三カ月で体重は一〇キロ落ちた。転職前の人間ドックで診断を受けた〝メタボ〟は解消できたものの、二〇一八年夏は例年にない猛暑で体力の消耗が激しく、毎日フラフラの状態でハンドルを握り続けた。熱中症予防のために身体に流し込んだスポーツ飲料は一日当たり六リットルに達した。その出費もバカにならない。

肝心の〝稼ぎ〟も満足のいく水準とは言えない。売り上げ（業務受託料）は一日当たり一万八千円。月額だと四六万八千円（二六日稼働計算）になる。ただし、そこから自己負担の燃料代、駐車場代、車両購入ローン代などの諸経費を差し引くと、手元に残るのは三五万円程度だ。休みは週一日。体調不良や私用で当日に休んだ場合には、その日の売り上げがゼロになるだけでなく、元請けにペナルティー料を支払わなければならない。

「家族三人で生活していく分には困らないが、決して贅沢はできない。急な出費が発生すればサラリーマン時代の蓄えを切り崩すことになる。もっとも、軽トラ一台では十分に稼げないことは最初からわかっていた。成功した元同僚のように将来はドライバーを雇用して保有台数を増やしていきたい。それにはまず仕事を覚えないといけないと思い、自分でハンドルを握ってみることにした」

元請けとは三カ月更新の業務委託契約を結んでいる。慣れない仕事の毎日で心身ともに疲弊していた竹田さんは、最初の更新のタイミングで、店じまいすることも考えたという。しかし、三カ月間の実務経験を通じて〝配達のコツ〟のようなものを摑み始めていた。体重も下げ止まった。

ここを乗り越えられれば、必ず道が開けてくるはず。そう判断して元請けに契約の継続を申し出た。実際、その後は担当するエリアの地理や特性への理解が深まり、効率よく配達できるようになり、肉体的・精神的負荷は徐々に軽減していった。結局、竹田さんは三度の契約更新を経て、軽トラドライバーとして二度目の春を迎えた。

不在と知りながら配達に向かう

午前一〇時。この時点で三〇件の配達を終えた。うち不在は四件。オフィス宛の荷物が多かったこともあり、午前中の不在は少なくて済んだ。ただし一件だけ厄介な届け先があった。前日に二度訪問したが、不在だった。電話を入れてもつながらない。郵便受けに投函した不在票からの折り返し連絡もない。そしてこの日も不在。

「三日間訪問（一日に複数回訪問）して何の連絡もない場合には、長期不在という扱いになり、荷主さんにいったん荷物を戻すルールになっている。届け先は単身者で平日は家にはいない。きっと明日も不在だろう。よって長期不在はほぼ確定。配達日を土日に指定してくれればいいのに、その指示がないので、こちらとしては毎日訪問せざるを得ない。面倒なのは、荷物の中身がどうしてもすぐに使いたいものだったりすると、『今から持ってこい』と言われたり、『不在票なんて入ってなかった』と難癖をつけられたりすること。荷主さんに荷物を戻しちゃったら、どうにもならないんだけどね」

この日の午前中は計六〇件の配達を済ませた。すぐに配送デポに戻り、午後の配達分を積み込んだ後、担当エリア近くのラーメン屋で昼食をとりながら午前分の伝票類を整理する。運転席では決して手にすることがなかったタバコを燻《くゆ》らしながら、束の間の休息を取る。最近は配達員のタバコ臭にクレームを寄せる宅配便ユーザーも少なくない。竹田さんの元請けも勤務中の喫煙は禁止しているそうだ。

午後の配達は順調に進んだ。不在はほとんどない。ただし、時間が経つにつれて、竹田さんの足取りから軽快さが消えていく。気温は二五度を超えている。ユニフォームに汗がにじむ。水分補給の頻度も増えた。午前中は遠慮なく質問を浴びせる私に明るく接してくれていたが、午後に入ると徐々に口数が減っていった。

「午後にはわずかだけど、配送デポから集荷のオーダーが入ってくる。効率よく配達するために自分で決めた順番があるのに、その合間に集荷の仕事が差し込まれると、一筆書きで組んだルートが崩れてしまう。しかも、依頼された時間に集荷に行っても、荷揃えが済んでなくて、何分も待機させられることもある。そこで時間が押すと、その後の配達が遅くなる。だから午後はついイライラしてしまいがち」

結局、この日は配達と集荷でちょうど一〇〇件。合計で一三〇個の荷物を捌《さば》いた。配送デポに帰還し、伝票の整理や日報の提出などを終えて、すべての業務を完了したのは午後七時半すぎ。いつもより三〇分程度早く家路につくことができた。

どの元請けが稼げるのか

密着取材のお礼をかねて、竹田さんを食事に誘ったところ、快く応じてくれた。向かった先は竹田さんの自宅近くにある、行きつけだという焼き鳥屋。先に軽トラから降ろしてもらい、生ビールを飲みながら、看板メニューの「とりわさ」をつまんでいると、軽くシャワーを浴びて着替えを済ませた竹田さんがやってきた。追加で聞きたかったのは今後の事業プランだ。

「一年ちょっとで仕事にも慣れて、軽トラビジネスの要領みたいなもの（手の抜きどころなど）も摑んできた。いまはできるだけ早く車両の数を一〇台程度まで増やしたいと思っている。車両の購入はローンを組めば、何とかなりそうだ。手足となって現場で働いてくれそうな若い子分たち（竹田さんから『軽トラの仕事はやりがいがあって儲かるぞ』と吹き込まれている）もすでに七、八人は囲い込んである」

竹田さんはこんな青写真を描いている。一〇人の子分たちから売り上げの五〜一〇％のコミッション料を徴収する。現在の元請けとの契約だとコミッション料の総額は最大月額四六万八千円になる計算だ。さらに引き続き自らもハンドルを握ることで約三五万円を加算し、月八〇万円超の収入を確保する。

ただし、竹田さんがコミッションを取った上で、子分たちに十分な手取りを保証するには現在の売り上げでは不十分だ。一日一台当たり二万円超の収入が最低限必要になると試算している。そのため目下の課題は、今より割のいい（委託料の高い）元請けを見つけることだという。

「常にアンテナを張って、どの元請けがどのくらいの委託料で軽トラを募集している、といった情報を集めている。ドライバー仲間同士でもそうした生の情報を共有し合っているし、SNSも活用している。仕事の内容はどこも大して変わらないだろう。条件のいい元請けが見つかれば、契約更新のタイミングですぐに移籍しても構わないと思っている」

軽トラ業界は現在、完全な売り手市場だ。どこも人手は足りていない。元請けの一社が委託料見直し（値上げ）に踏み切ったところ、同じエリアの他の元請けのドライバーたちが一斉にそちらに流れて、その元請けは配達がままならなくなってしまったという話も耳にする。

元請けから提示される条件によって次々と嫁ぎ先を変えていこうという竹田さんの〝風

見鶏〟戦略は、一見ドライなようだが、背に腹は代えられない。個人事業主から会社組織への成長を目指す経営者としては、当然の判断なのかもしれない。

夢は「レクサス」オーナー

焼き鳥屋での親睦会は午後一〇時前にはお開きとなった。明日も午前五時に起床する竹田さんは深酒をしない。生ビールとレモンサワー二杯で打ち止めだ。今日はすでにシャワーを済ませているため、帰宅後はそのまま布団に入ってぐっすり眠り、明日の仕事に備えて体力を温存するという。

それでも私を見送りに最寄りの駅まで一緒に歩いてくれた。途中、交差点で信号待ちをしていると、私たちの目の前を黒塗りのレクサスが通り過ぎていった。竹田さんは「軽トラを一〇台くらい回すようになれば、レクサスに乗れるようになるらしい。元同僚からそう聞いている。オレも早くそのステージまで登りつめたいな。それにしても、レクサスって、ほんといい車だよね」と呟いた。

過去の取材でも同じような話を聞いた記憶がよみがえる。クラウン、セルシオ、そして今はレクサス。時代と共に車種こそ変化しているが、稼げるようになったら国産メーカーの高級車を手にしたいというトラック運送業経営者の嗜好《しこう》は昔のままのようだ。

いつの日か竹田さんがハンドルを握るレクサスに同乗し、軽トラビジネスのサクセスストーリーを聞く。そんなシーンを頭の中に思い描きながら、私は駅の階段を駆け下りた。

第三章 〝アマゾン〟を運ぶドライバーたち

――それぞれの算盤勘定

一人親方たちを直接スカウト

第二章の密着取材でお世話になった竹田さんから連絡が入ったのは、軽トラに同乗させてもらった二週間後のことだった。

「アマゾンから『うちの下で直接、配送の仕事をやらないか?』と声を掛けられている。ドライバー仲間たちにも同様の打診があったようだ。いまの元請けとはまだ契約期間が残っているし、これまで面倒をみてくれた恩義もある。ただ、アマゾンから提示された委託条件は悪くない。どうしたらいいのか、正直迷っている」

ちょうど同じ頃、アマゾンジャパンが商品の配送を委託する「サービスプロバイダ」と呼ぶ協力トラック運送会社のうちの一社の人事担当者からも連絡があった。

「アマゾンが当社のドライバーたちを引き抜こうとしている。元請けのわれわれを飛び越えて、直接ドライバーたちと接触している。口頭ベースでの誘いではなく、契約条件などを記載したチラシまで用意して、堂々と口説いているようだ」

アマゾンはこれまで、ヤマト運輸をはじめとする大手宅配便会社や、サービスプロバイダに、日本国内での商品配送を委ねてきた。しかしその一方で、二〇一八年十一月からは東京都や神奈川県の一部地域を対象に、個人事業主のドライバーに直接、配送を委託する「アマゾンフレックス」という新サービスをスタートした。

「アマゾンフレックス」は、すでに米国では二〇一五年に始まっていたが、日本への上陸は遅れていた。しかも日本での展開は当初、対象エリアがごく一部に限定されており、大々的な発表もなく、〝水面下〟で進められてきたこともあって、既存のサービスプロバイダたちは「(アマゾンフレックスは)あくまでも試験的な取り組みにすぎない」と軽く受け止めてきた。

だが、ここにきて、アマゾンは軽トラの一人親方たちを直接スカウティングしたり、求人媒体を使ったりしてリクルーティングを強化している。その動きを目の当たりにして、サービスプロバイダたちも考えを改めている。

あるサービスプロバイダの経営幹部は、「アマゾンが日本国内での自社配送比率を高めていこうとしているのは明らかだ。いまはヤマトが担当するエリアを〝フレックス〟に切り替えるケースが多いが、いずれサービスプロバイダの担当エリアにまで侵食してくるだろう」と指摘する。

ドライバーの時給は二〇〇〇円

「アマゾンフレックス」では、アマゾンとドライバーが業務委託や業務請負の契約を交わす。雇用するのではなく、会社間（ドライバーは個人事業主）取引の形態にしているのは、長時間勤務など労務問題の発生を回避する狙いがある。これはサービスプロバイダの多くが配達の実務を担う傘下の一人親方（個人事業主）たちとの間で同様の契約を締結している理由と同じだ。

「アマゾンフレックス」を担うドライバーたちの仕事は〝基本的に〟アマゾン商品の配送となる。アマゾンが各所に出している求人票にも〝基本的に〟と謳《うた》われている。それはいずれアマゾンが「アマゾン以外の商品」の配送も委託することを視野に入れているからだろう。

つまり、「アマゾンフレックス」による直接配送のネットワークが充実した段階で、アマゾンはそのインフラを「アマゾンデリバリー」や「アマゾンラストワンマイル」といったサービス名で、他のネット通販会社などにも開放していくことが推測できる。

フレックスという名称の通り、「アマゾンフレックス」のドライバーの働き方は自由度が高い。勤務時間は午前八時から午後一〇時の間で、一日二時間から十二時間まで設定でき、出勤日や曜日も自分で選べる。いま流行りの副業という位置づけでも構わないという。

ドライバーとしての経験や、性別、学歴は問われない。必要なのは、普通自動車運転免許と営業ナンバー（黒ナンバー）を取得済みの軽トラック（軽バンも可）、そしてスマートフォンだけ。スマホを必須としているのは、アマゾンが提供する専用アプリを通じて勤怠を管理したり、配送ルートの指示を受けたりするためだ。

業務委託（請負）料は二時間で税込み約四〇〇〇円（取材当時）。一日一〇時間で二二日間仕事をすると、月収が約四四万円になる計算だ。しかも報酬は週払いされる。新規登録者にはアマゾンのギフト券が配られるなど〝福利厚生〟もある。

こうした報酬額が妥当な水準かどうかはドライバー個々の判断となるが、「少なくとも、今の元請けよりも一時間当たりの単価は高いので、頑張れば稼げるのは確か。また、不在時には再配達しなくてもいいルールなので業務負荷も小さい」（竹田さん）という。

それでもアマゾンの誘いに二つ返事で応じることをしないのは、「元請けから『アマゾンは外資だけに仕事に対してドライ』だと聞いている。不公平な契約を結ばされて、それを楯に無理難題を押し付けられないか心配な面もある」（首都圏の軽トラドライバー）からだ。

アマゾンから声を掛けられている一人親方たちの多くは、先陣を切ってアマゾンと直接契約を結んだドライバー仲間たちから業務や報酬の実態を聞いたうえで、最終的に契約するかどうかを判断したいというのが本音のようだ。

アマゾンなき後の皮算用

一方、既存のサービスプロバイダたちは、自前での配送に舵《かじ》を切ったアマゾンの一連の動きに警戒感を示しながらも、冷静さを保っている。「直接配送へのシフトは、本格化する時期こそ少し早いものの、想定の範囲内と言える。アマゾンからいつ切られてもいいように、準備と心構えはしてきたつもりだ」（あるサービスプロバイダの経営幹部）という。

二〇一七年にドライバー不足などが原因で荷物の大幅な遅配が宅配便各社で発生した「宅配クライシス」以降、アマゾンは商品配送のヤマトへの依存度を引き下げるため、サービスプロバイダたちへの委託量を拡大してきた。これを新たなビジネスチャンスと捉えてきたサービスプロバイダたちはアマゾンの要請を受けて、配送デポの新設や軽トラックの増車などに着手した。埼玉県に本社を置く一部上場の物流会社である丸和運輸機関のように、アマゾン専属便として数百〜数千台規模の車両を新規に投入したサービスプロバイダも存在する。

しかし、この先、アマゾンが直接配送の対象エリアを拡げていけば、これまでの投資が水泡に帰すことにもなりかねない。それでも「アマゾン以外のネット通販会社からの配送業務の引き合いも多い。いままではアマゾンに配慮して断ってきたが、そうしたニーズをきちんと取り込んでいけば、アマゾン向けに構築した現行の配送インフラを十分に維持できる」（あるサービスプロバイダの経営幹部）と強気だ。

もっとも、サービスプロバイダたちが描く、〝アマゾンなき後の未来図〟の実現には前提条件がつく。大手宅配会社はここ数年、取扱量を制限しつつ、値上げによる単価アップを図ってきた。この傾向が今後も続くのであれば、新規参入組であるサービスプロバイダたちにも勝機があるだろう。

しかし、大手が再び量を求めて単価を下げる戦略に転じれば、荷主（ネット通販会社）は配送網やサービスレベルの面で優位性のある大手に流れる可能性も否定できない。

市場では「アマゾン向け配送事業に経営資源を投下しすぎたサービスプロバイダについては今後、業績が急速に悪化していくのではないかと懸念している」（大手金融機関の担当者）といった声も囁《ささや》かれ始めている。

実際、二〇一八年十一月に日本国内で「アマゾンフレックス」をスタートして以降、アマゾンはその対象エリアを順次拡大している。直接契約する軽トラドライバーたちが所属する独自運営の配送拠点「デリバリーステーション（DS）」は二〇二〇年三月時点で国内六カ所とされていた。しかし、その後大都市圏を中心に水面下で拠点数を増やしており、現在では二〇～三〇カ所に達しているもようだ。

アマゾンは二〇一七年の「宅配クライシス」で特定のパートナーへの依存度が高くなりすぎることに、大きなリスクが潜んでいることを学んだ。当時、商品配送の大部分を委ねていたヤマトから突然の運賃値上げや出荷制限を迫られたからだ。それを受けて以降はサービスプロバイダとの取引比率を引き上げてきたが、今度はそのサービスプロバイダへの依存度が高まりすぎてしまった。

　丸投げするよりも管理は煩雑になるものの、安定したコストと品質を維持した状態で商品配送を続けていくためには、自前で配達ドライバーたちを組織化する「アマゾンフレックス」の拡大が得策であると判断しているようだ。それに伴い、竹田さんたちのような軽トラの一人親方たちはサービスプロバイダを飛び越えてアマゾンと直接契約を交わすようになるため、収入アップを実現できる可能性もある。

第二部

新型コロナとトラックドライバー

第四章　宅配便ドライバー

――「働き方改革」で副業を強いられる

アマゾン対応で混乱した「宅急便」の現場

宅配便最大手のヤマト運輸に勤務する松本さん（仮名）は二〇二〇年に入社八年目を迎えた。現在はセールスドライバーとして首都圏エリアで「宅急便」の集配業務を担当する。

取材に応じてくれたのはまだ初夏の頃だった。にもかかわらず、新型コロナ対策として義務づけられたマスク着用の影響なのか、松本さんの額やユニフォームには汗が滲《にじ》んでいる。

街中を一日中走り回る「宅急便」の集配業務はただでさえハードなのに、コロナ元年となった二〇二〇年は例年以上に体力の消耗が激しいようだ。もともと細身で顔のまわりもすっきりとしている松本さんだが、少しだけ体重が落ちたという。

「四月以降、お客さんから荷物を受け取ったり、渡したりする対面時にはもちろん、台車を押しながら街中を移動する際にもマスクを着用している。マスクの影響で以前よりも仕事中に息が切れるようになったのは事実。でもコロナが落ち着くまでは仕方がない。確かに体力的に仕事はきつくなった。ただ、きつさという意味では、二〇一五年から二〇一七年あたりまでのほうがしんどかった」

松本さんが振り返る二〇一五年から二〇一七年にかけて、ヤマトでは「宅急便」の取扱個数が急増した。

同社資料によれば、この期間の取扱個数は一六億二二〇四万個（二〇一五年三月期）、一七億三一二六万個（二〇一六年三月期）、一八億六七五六万個（二〇一七年三月期）。年間に一億個超が積み上がっていく驚異的なペースで推移した。

大幅増が続いた背景には、ネット通販での需要拡大があった。とりわけ増加に寄与したのはアマゾンジャパンの荷物だった。

日本に上陸して以降、アマゾンはサイトで販売した商品の配送に宅配便サービスを利用してきた。そのパートナー（委託先）は日本通運や佐川急便などを経て、二〇一三年からはヤマト運輸がメーンとなった。

アマゾンの配送を受託したことで、ヤマトの「宅急便」は一気に伸びた。九〇年代後半に宅配便事業に参入した佐川急便や、民営化後に日本通運の「ペリカン便」を飲み込んで攻勢をかけてきた日本郵便と、熾烈《しれつ》な荷物の奪い合いを繰り広げてきたヤマトにとって、アマゾンは市場シェアを維持、拡大していくうえで不可欠な顧客だった。

しかし、取扱個数を増やすことに成功する一方で、「宅急便」の現場は〝アマゾン対応〟で完全に疲弊してしまった。

現有の戦力のみでは到底捌《さば》ききれないほどの大量の荷物が毎日のように営業所に届く。それらを当日中、しかも指定された時間帯に届けなければならない。届け先が不在の場合には、何度も繰り返し訪問する。当日の配達ノルマをこなすため、昼休みなど休憩時間は取らず、さらに夜遅くまで残業して街中を走り回る。常に人手が足りない状態が続き、休日出勤を強いられる日々が続いた。

松本さんに限らず、ヤマトの現場で活躍するセールスドライバーたちは、アマゾンとの取引で「宅急便」の取扱個数が急増する裏側で、こうした過重労働を長期間にわたって余儀なくされてきた。

「当時の勤務実態は尋常ではなかった。昼夜を問わず配り続けても営業所内やトラック内の荷物が一向に減らない。その原因はアマゾンの荷物だった。あまりにも忙しすぎて、段ボールにプリントされているアマゾンのロゴを見るだけで吐き気をもよおすこともあった」

常態化するサービス残業

そんな過酷な労働環境の中、さらに現場で働くセールスドライバーたちを悩ませたのは所属先上司による〝サービス残業〟の強要だった。サービス残業とは、従業員に超過勤務時間を実際よりも少なく申告させて残業代をカットするというものだ。

会社側は残業代の支払いが少なくて済む。これに対して、従業員側は本来受け取るべき収入が減ってしまう。サービス残業は雇用の継続や将来の昇格人事などを楯にして会社側が従業員に対応を迫る「悪しき慣習」にほかならないが、それが当時、ヤマトの社内では横行していた。

「サービス残業は本社や支社など上からの指示だったと聞いている。営業所としてのコスト抑制のノルマを達成したり、セールスドライバーの過重労働の実態を隠したりするための〝協力〟を求められた。具体的には、タイムカードをおさずに早朝の積み込み作業を行ったり、タイムカードをおしてから夜の退社前の事務作業をこなしたりして、トータルの勤務時間が短くなるよう調整させられた」

しかし、こうした会社ぐるみの隠蔽工作は長続きしなかった。一部の従業員が残業代の未払いなどを告発したことで、社内に蔓延《まんえん》するサービス残業の実態が一気に表面化した。ヤマトでは、それを機に新設した「働き方改革室」を通じて、現場の労働実態を把握するための社内調査に乗り出した。その結果、全国の多くの現場でサービス残業が行われていることが判明した。

社内調査を終えた会社側は、最終的に、過去二年間分を遡るかたちで、未払い状態だった残業代を従業員たちに支払うことを決めた。未払い残業代は総額で二三〇億円に上った。当初、ヤマトでは「サービス残業は一部の現場で行われていたこと」と主張していた。ところが、社内調査で蓋を開けてみると、〝一部〟どころではなかった。二三〇億円という金額規模からしても、サービス残業が特定の現場での行為ではなく、全社的に常態化していたことは容易に想像できる。

前代未聞の「荷受け拒否」

その後、ヤマトでは、現場での過重労働を解消しようと、様々な対策を打ち出した。具体的にはまず、「宅急便」の引受量を制限する「総量規制」に踏み切った。

「総量規制」とは、集荷、幹線輸送、配達で形成する「宅急便」ネットワーク（インフラ）のキャパシティーを超えないよう、取り扱う荷物の量をコントロールするというものだ。前述した通り、営業所に捌ききれない荷物が溢れかえっている状態は明らかにキャパオーバーであり、それが現場スタッフの長時間労働や残業の温床になっているとの判断から、「宅急便」の取扱量そのものを一時的に減らすことにした。

ヤマトでは「当分の間、一日当たりの発送量を二〇％程度減らしてほしい」といった具合に、日々の出荷量が多い大口顧客を中心に協力を要請した。ヤマトからの依頼に難色を示す顧客に対しては、全面的な取引中止も辞さないという強気の姿勢で交渉に臨んだ。この「総量規制」の実施は、従業員たちを守る立場にある労働組合からも強く要請されたことだった。

荷物の受け入れを拒否するという前代未聞のヤマトの行動に、反発する顧客も少なくなかった。とりわけ強い憤りを示したのは通販会社だった。通販ビジネスはネット経由などで購入された商品を消費者に届けることで商取引が成立する。それだけに自分たちに代わって商品を配送してくれる宅配便は欠かせない機能だ。商品を運ぶことが拒否されれば、ビジネスそのものが立ち行かなくなってしまう。

それでもヤマトは意に介さなかった。大手はもちろん、受け入れ拒否が死活問題になりかねない中小零細規模の通販会社に出荷制限を迫ることもあった。商品配送の大部分をヤマトに委ねてきた最大顧客であるアマゾンに対しても例外ではなかった。

慌てたアマゾンは商品を安定的に供給する体制を維持するため、地域の軽トラ配送会社などを組織化した新たな配送ネットワークを構築した。「総量規制」以降は新ネットワークの活用比率を徐々に高めていくことで、ヤマトへの依存度を下げていった（第三章参照）。

こうして顧客からの反感を買いながらも強引に推し進めた「総量規制」は、結果として成功を収めた。当初、ヤマトでは二〇一八年三月期の取扱量を前期比で約八〇〇〇万個（約四％）減らす方針を打ち出していた。最終的な着地は、前年同期比一・七％減（一八億三六六八万個）と、目標値には届かなかったものの、全体のボリュームは抑制することができた。

松本さんは当時をこう振り返る。

「ある通販関連のお客さんに荷物の引受量を制限することを伝えたら、『荷物をたくさん出してくださいと頼まれたから、ヤマトさんにお願いしてきたのに、今度は出すな、運ばないぞ、だなんて、殿様商売にも程がある』と怒り心頭だった。こちらとしても『ごもっとも』と思ったので、返す言葉がなかった」

「総量規制」とともに、サービスメニューも見直した。例えば、注文を受けたその日のうちに商品を届ける「当日配達」サービスは一時的に中断することにした。

「当日配達」は、購入者による注文キャンセルの回避や商品在庫回転率の向上につながるため、とりわけ通販会社から好評だった。しかし、最前線のセールスドライバーたちにとっては厄介な存在にすぎなかった。通常サービスである「翌日配達」分の荷物と再配達分の荷物の配達に追われる夕方以降の時間帯に、新たに「当日配達」分の荷物の配達が加わり、業務負荷が一気に増すからだ。この「当日配達」を停止したのは、ドライバーたちの長時間労働を是正するのが目的だった。

「宅急便」の利便性を象徴するサービスともいえる「配達時間帯指定」にもメスを入れた。従来は時間帯の区分として、「午前中」「12〜14時」「14〜16時」「16〜18時」「18〜20時」

「20〜21時」の6区分を用意していたが、このうち「12〜14時」を廃止。さらに、「20〜21時」をなくし、「19〜21時」という区分を新設した。ドライバーの昼休み時間をきちんと確保したり、夜間帯に行う配達業務の負荷を軽減したりするためだった。

一連の「働き方改革」によって、現場で働くドライバーたちの労働環境は劇的に改善した。「総量規制」や「当日配達の停止」「時間帯指定区分の見直し」といった対策のほかにも、仕分けや積み込み作業に従事する補助スタッフの増員や、集荷・配達業務の外注化（協力運送会社への業務委託）拡大などを進めることで、ドライバーの労働時間は従来よりも大幅に短くなった。残業はゼロではないものの、過少に申告することを求められたりすることもなくなったという。

「とくに休憩時間の確保を徹底することは口酸っぱく指導されている。昼休み中は、たとえお客さんから連絡があっても、電話に出ないように、と言われている。勤務時間も正確かつ厳密に管理されるようになった」

「働き方改革」後の懐事情

もっとも、ヤマトの「働き方改革」は、松本さんをはじめとするセールスドライバーたちにとって、手放しで喜べることでもなかったようだ。松本さん自身、一連の「働き方改革」によって、残業を含めた勤務時間が減り、その結果年収が一五％程度ダウンしてしまったという。

途中休憩をとらず、朝から晩まで荷物を抱えて走り回り、休日返上で出勤する。肉体的にも精神的にもハードな毎日だったが、体調を崩して倒れるまでには至らなかった。激務に身体が慣れていた。確かに仕事はたいへんだったが、それに見合うだけの報酬を得ていた実感があり、不満はなかった。

子供の教育費など、これから出費が増えていくことを考えると、年収ダウンは家計にとって大きな痛手だ。サービス残業は言語道断だが、「きちんと加算される残業であれば、むしろあったほうが収入面では助かっていたのは事実」と松本さんは本音を漏らす。

松本さんの同僚たちの中には、「働き方改革」以降、減収分を補うため、副業を始めるドライバーも少なくない。しかもその副業は、同じ配達の仕事だという。〝本業〟の勤務日の定時終業後や休日の日中に、いつもと違うユニフォームに身を包んで、街中を走り回っている。

実は、宅配便会社をはじめとするトラック運送会社では、ドライバーによる副業を認めていないケースが多い。とりわけドライバーが副業としてドライバー職に就くことを禁じている。

その理由はほかでもない。疲労による体調不良が原因となって交通事故や災害を発生させることがないよう、トラックドライバーには乗務終了後、継続八時間以上の休息期間を確保することが法的（厚生労働省「自動車運転者の労働時間等の改善のための基準＝改善基準告示」）に求められている。本業での仕事を終えた後や休日に、副業としてハンドルを握ることは、このルールに抵触する恐れがあるからだ。

それでも副業ドライバーは後を絶たない。「営業所の上司も他社で配達員の仕事に就いていることは薄々わかっている。しかし、働き方改革で収入が減っていることを承知しているから、見て見ぬふりをしているというのが実情だ」と松本さんは指摘する。

違反のリスクを承知しながらも副業ドライバーの受け入れに積極的なトラック運送会社も存在する。通販商品の配達サービスなどを展開する、ある軽トラ運送会社もそのうちの一社だ。同社では、ヤマトのような大手宅配便会社に籍を置く副業ドライバーたちを、教育や研修をほとんど必要とせずに現場に投入できる「宅配便の業務ノウハウを身につけた即戦力」（同社経営幹部）として重宝している。

たとえ法的に問題があるとしても、需要がある以上、より多く稼ぐためにトラックドライバーたちが副業でもドライバーとしてハンドルを握るという流れはしばらく止めることができないだろう。

所属先を間違う〝珍プレー〟

実際、大手宅配便会社のドライバーたちは、こうした〝バイト先〟でどのような役割を担い、どのくらいの稼ぎを得ているのだろうか。

ある軽トラ会社の人事担当者はこう説明する。

「当社で働いてくれている副業ドライバーさんたちは各エリアで二～三人程度。そのほとんどがヤマトや佐川急便などの宅配大手や軽トラ大手に本籍を置く。副業をする理由を尋ねると、本業での収入減を埋めたいとか、子供の教育費を賄《まかな》うためにもっと稼ぎたい、などが多い。日中は本来の所属先で勤務しているため、当社では主に一八時以降の夜間帯の配達業務で活躍してもらうケースが多い」

「業務委託料は二時間拘束で五〇〇〇円、三時間で七三〇〇円、四時間で九〇〇〇円。一回の勤務時間が長くなると一時間当たりの単価がやや下がる仕組み。副業ドライバーは週七日のうち、本業での休日や勤務時間後などに自由に仕事のシフトを組むことができる。報酬は週払いにも対応している」

この会社で副業ドライバーとして働く、ある大手宅配便会社に所属するドライバーにも話を聞いた。

「副業は週二～三回程度。休日にフルタイムで働き、残りは短時間の夜間帯勤務。収入は月七～八万円。本業の会社は働き方改革で残業の管理が厳しくなった。減収分を補うのが目的で副業を始めた。仕事の内容は本業とほぼ同じだから苦労はない。ただ、業務に使う携帯端末（ハンディターミナル）が異なるため、その操作を覚えるのに少し時間が掛かったくらい」

社内規定はさておき、副業の事実が本業の所属先に知られるリスクや不安はないのだろうか。

「配慮しているのは本業と副業の配達担当エリアが重複しないようにしていることくらい。本当は同じエリアを担当したほうが、地の利を活かせて配達業務の生産性は高まる。移動する時間がもったいないので、ダブルワークは近くで働くのが理想的だ。しかし、近すぎると、副業を知られるリスクが高まる。少し離れた場所で仕事をするのがバレないコツ」

同じ仕事内容であるがゆえの〝珍プレー〟も少なくないようだ。

「ユニフォームを着替えて街中を走り回っているが、ぼーっとしていると配達先で思わず本業のほうの社名を名乗ってしまうことがある。荷受人から『あれ、○×会社さんじゃないの？』って指摘されて、間違えたことにハッと気づく。『失礼しました、○×会社です』と訂正するが、相手も苦笑い。副業ドライバーだな、ってバレバレだと思う」

ヤマトをはじめとする大手宅配便会社で実行された「働き方改革」は、需要の急拡大や人手不足などを背景に、現場で慢性化していた長時間労働を是正するのが目的だった。しかし、「働き方改革」で収入減を余儀なくされたドライバーたちは、生活を維持するため、所属先に内緒で副業に励み、結果として長時間労働を強いられているのが実情だ。

「宅配クライシス」からおよそ三年。

ドライバーたちの「働き方改革」は早くも形骸化している。

第五章　新型コロナと戦う最前線のドライバーたち

自粛警察がマスク着用を監視

新型コロナウイルスの感染拡大や政府による緊急事態宣言を受けて、二〇二〇年四月以降、物流大手各社はドライバーの安全・衛生対策として、うがいや手洗いの徹底、出勤時の検温、フェイスマスクの着用、車両や機材の消毒などを実施している。しかもこうした取り組みは自社ドライバーのみならず、出入りの下請けドライバーたちにも義務づけられている。

その徹底ぶりは目を見張るものがある、と外資系宅配便会社の下請けドライバーは感心する。

「毎朝の出勤時の検温では三七度を少しでも上回っていたら、その日は出勤停止となり、すぐに帰宅しなければならない。仕事に復帰できるのは平熱に戻った状態が数日間続いた後で、もちろんコロナに感染していないことが絶対条件だ。コロナ感染者や感染の疑いがある人との接触の有無や、仕事を休んでいる間の毎日の体温推移、病院で診療を受けた場合には診断結果などの報告も求められる」

とくに口酸っぱく指導されるのはマスクの着用だという。

「当初、マスクはドライバーが個々で負担していたが、すぐに元請けからの支給にかわった。元請けはドライバーに配布するマスクの枚数をある程度確保できているようで、基本的には一日一枚の使い捨て。営業所内にウイルスを持ち込まないようにするためなのか、車両置き場にはマスク専用のゴミ箱も用意されている」

しかもマスクは集荷や配達の対面時だけでなく、運転中も極力外さないでほしい、と要請されているという。

「あるエリアを担当するドライバーがマスクを着用していなかった、と〝自粛警察〟から通報があったからだ。とはいえ、路上とかではなく、車両内での未着用を目撃したようだ。元請けの担当者は、世間から監視の眼が向けられているドライバーたちに同情しながらも、

『こういうご時世だから我慢してほしい』と終日のマスク着用の徹底を呼びかけている」

マスクは気温の上昇とともにドライバーたちの体力を奪い始めているようだ。

「ただでさえ暑い時期の業務はしんどいのに、片時もマスクを外せないとなると、今度は熱中症にならないか心配だ。せめて運転中だけでも〝ノーマスク〟を許してもらえたら……」

元請けからは運転席や荷台、荷物を消毒するための除菌用スプレーも配給された。スプレーは運転席に置いておくほか、液体をポケットサイズの小さな容器に移し替えて常に携帯するようにもしている。

「荷物の受け渡しが終わったら、まず自分の手にワンプッシュ。そのほかに車両のハンドルや訪問先のドアノブなど気になる箇所があったら、その都度除菌する。荷物には送り状の文字が滲《にじ》まないよう注意しながらスプレーを噴霧している」

元請けによる指導はドライバーの日々の生活スタイルにも及ぶという。

「不特定多数と長時間接する可能性のある外食は勤務時間外でもできるだけ避けてほしい。勤務中の昼食もコンビニなどの店舗でテイクアウトするか、弁当の持参で対応してほしいと依頼があった。免疫力を維持するため、栄養価の高いものを食べたり、睡眠を十分に取るように、という指示も受けている」

配達先での飛沫感染リスク

新型コロナ以降、トラックドライバーたちは国民のライフラインを支えるため、感染のリスクに晒《さら》されながらも、日々ハンドルを握り続けている。しかし、そんなドライバーたちに対して、にわかに信じがたい罵声を浴びせる、心ない荷主や消費者も存在する。

報道やテレビのワイドショーでは、配達先で除菌スプレーを吹きかけられたり、車両のナンバーを見て「コロナを運んでくるな」と暴言を吐かれたり、親の職業がトラックドライバーであることを理由に、学校から子供の登校を拒否された、といった出来事が取り上げられた。

そこまで極端ではなくても、今回のコロナ騒動に関連して不快な体験をしたドライバーは少なくないようだ。

通販商品を配達する、ある軽トラドライバーはこう漏らす。

「配達先でインターホンを鳴らしたら、『コロナに罹《かか》りたくないから荷物は玄関に置いていって』と、まるで感染者のように扱われた。配達員が嫌ならネット通販でモノを買うなよ、と言いたかった。結局、玄関先に荷物を置く『置き配』になったので、対面せず帰ることができてよかったが、そういうお客さんはこちらも顔を見たくない」

恐怖体験も寄せられている。一日当たり一〇〇軒以上を訪問することもある宅配便の配達員は、否応なしに不特定多数との接触を強いられる。大手宅配便会社の下請け軽トラドライバーは、ある配達先で自身のコロナ感染を覚悟したという。

「いかにも体調が悪そうな顔色をした初老の男性に、荷物を渡してサインをもらっている最中に、思い切り咳《せき》を掛けられてしまった。笑顔でその場を去ったものの、車に戻ってすぐに自分自身に除菌スプレーをかけたり、マスクを取り替えたりした。もしかしたらコロナをもらってしまったかもしれないと思うと、その後数日間は生きた心地がしなかった」

一方、心温まるエピソードもある。長距離の幹線輸送トラックを運転する、あるドライバーは、関東エリアから東北エリアへの乗務時に、納品先の物流センターで荷受け担当者や見ず知らずの人から労《ねぎら》いの言葉を掛けられた。

「感染者の多いエリアで生活していて、『本当は仕事を休みたいはずなのに、いつもご苦労様です』と感謝された。高速道路のサービスエリアのトイレでは、隣で用を足していた人から『お仕事頑張ってください』と激励されて、少し驚いた。普段だったらあり得ないことだ」

コロナで一変したトラック輸送市場

二〇二〇年四月に政府による緊急事態宣言が発令されて以降、日本経済はしばらく休眠状態が続いた。工場は操業を停止し、テレワークに切り替えたオフィスは閉鎖。飲食店をはじめとする店舗も営業自粛に踏み切った。

これを受けて、生活物資である食料品や日用雑貨向けを除き、トラック輸送の荷動きは壊滅的な状況に陥ってしまった。出荷拠点である物流センターの庫内は動かない製品の在庫で溢れかえった。

アパレル製品の店舗向け供給センターを運営する大手物流会社のある支店長は、「店舗の営業自粛が始まった四月以降、春物の製品がまったく動かなくなった。春物の在庫が積み上がっているところに、生産活動を再開した中国から夏物の製品が届き、とうとうセンター内に余剰スペースがなくなってしまった。仕方なく近隣で倉庫を探すことにしたが、それはお客さんにとって追加コストの発生を意味する。一方で、当社は荷物が動かなければ、出荷作業料や配送料が発生しないため、売り上げがほぼゼロになる。いったいこの先どうなってしまうのか、見当もつかない」と危機感を募らせる。

ここ数年、トラック輸送のマーケットはドライバー不足などを背景に、売り手に有利な環境が続いていた。ところが、今回のコロナ・ショックを機に状況は一変した。工場〜物流センター〜店舗・オフィスを行き来する、いわゆる企業間取引のB2Bの領域では、需要の急減で〝トラック余り〟の現象が起き始めている。

トラックの配車マッチングサービスを展開する、ある物流会社の担当者によれば、生活必需品以外の荷物の輸送需要は激減しており、市場に出回る限られた求車情報に対し、車両を持て余している運送会社が採算度外視の運賃で入札してくるケースが相次いでいるという。

運賃が投げ売りされている実態はドライバーたちも把握している。東京〜大阪間で大型車を運行する、あるドライバーは打ち明ける。

「配車係から、先日は東京〜大阪間の大型トラックでの輸送を運賃六万円で引き受けた、と聞いた。売り上げがゼロになるよりはましだ、という判断のようだ。同区間の輸送がそんなに安い運賃になったことは今までなかったと記憶している。それだけ日本全体で輸送の仕事が減っているのだろう」

運賃市況の悪化はトラック運送会社の収益減に直結し、ひいてはドライバーが受け取る報酬に負の影響を及ぼす可能性も否定できない。先行きへの不安は隠せない。

「ここ数年、トラック運賃は上昇傾向にあったのに、コロナでパーになってしまった。感染拡大が止まれば、荷量は徐々に増えていくかもしれないが、コロナ前の水準にまで戻るとは考えにくい。運賃競争が激しくなれば、当然、今後は我々の収入が減っていくことも覚悟しなければならない。実態を知らない人からは、コロナで失職する人が増えるなか、『あなたたちは仕事があっていいね』って言われるが……」

新型コロナでとくに大きな打撃を受けているのは、実運送を担ってきた中小零細のトラック運送会社だ。元請けからの相次ぐ減車要請で仕事量が激減している。

外資系物流会社のルート集配業務に下請けとして二トン車数台を投入してきた、あるトラック運送会社の経営者は、「三月中旬以降、およそ二週間おきに一台のペースで減車を余儀なくされている。元請けからは、物量が正常化するまでの一時的な措置だと説明を受けているが、コロナが長引けば、最終的に仕事がゼロになることも覚悟している」という。

コロナ・ショックは第二章や第三章で取り上げた軽トラの一人親方たちにも暗い影を落としている。とりわけ企業配に軸足を置いてきた軽トラ会社の状況は深刻だ。二トン車と同様、度重なる減車を強いられている事業者も少なくない。

軽トラ四台を保有し、自らもハンドルを握る、ある経営者は「元請けから『自社車両の活用を優先したい』と言われ、業務委託の一時停止を打診された。一度は食い下がってみたものの、『一個運んでいくらの個建てでもよければ』という話で、需要が先細りする中では個数的にペイしないことは明らかなため、いったん手を引くことにした」と説明する。

限られたパイの奪い合いが激化

新型コロナによる経済活動の停滞でB2B貨物が一気に冷え込んだのとは対照的に、企業と個人間の取引であるB2C貨物の荷動きは「巣ごもり消費」の拡大で急伸している。ネット通販や生協などの食材宅配、ネットスーパーといったサービスでの宅配需要が旺盛だ。物量は平時の一・五～二倍程度にまで膨れ上がっている。注文増に対してドライバーや車両の確保が追いつかず、納品（配達）までのリードタイムに遅れが生じているケースも見受けられる。

減車を余儀なくされた下請けのトラック運送会社は、コロナ騒動の長期化をにらんで、車両の預け先を見直し始めている。部品メーカーの複数事業所を巡回集荷して工場にＪＩ

T（ジャストインタイム）納品する業務を展開してきた、ある中堅トラック運送会社では、荷主からの減車要請を受けて、「二トン車は小売店舗向けルート配送の仕事に、一〇トン車は宅配便の拠点間輸送の仕事に、といった具合に、コロナ下でも荷動きが堅調な領域に常用トラックの預け先を変更した」（同社の配車担当者）という。

一方、軽トラ業界では、大手宅配便会社やネット通販会社、食品スーパーの店舗から委託される個人宅への配達などB2C向け業務へのシフトが加速している。もともと軽トラ会社の中には、不在による再配達が多く、非効率なB2C向け業務を敬遠する事業者も少なくなかった。しかし、企業配の荷動きは回復のメドが立たないため、「いまは宅配の仕事に頼るしかない」（都内の軽トラドライバー）のが実情だ。

このように、コロナの影響で仕事を失った実運送会社の多くは、やや不謹慎な表現かもしれないが、〝コロナ特需〟によって荷動き拡大が続いている領域に軸足を移しつつある。もっとも、元請けサイドの対応は非常にシビアで、下請けへの業務委託料の水準はコロナ前に比べ低下している。

例えば、ある軽トラドライバーは、かつて所属していた大手宅配便会社の営業所に下請けとしての〝復帰〟を打診したところ、従来よりも三〇％ダウンの委託料を提示された。

配車の担当者は、値下げの根拠として、燃料代が安くなっていることや、受領印をもらわずに玄関先などに荷物を置く「置き配」が許容され、対面での荷受けが減って配達業務の生産性が上がっていることなどを挙げてきたという。

加えて、営業所には、未経験ではあるものの、コロナで休職中だったり、職を失った求職者が殺到している。人手不足の状況が一転し、今後しばらくは安い労働力の確保が見込めるため、元請けは軽トラ会社に対し強気の姿勢を示すようになったようだ。

結局、このドライバーも「三〇％ダウンを受け入れることにした。荷動きが回復したら、すぐに企業配の仕事に戻れるように、とりあえず三カ月間限定の業務委託契約を結んだ。ただ、コロナが収まったとしても企業配の荷動きや売り上げがすぐに元通りになるかどうか……」と先行きの不安を口にする。

ネット購買や買い物代行の拡大で個人宅への配送ニーズが増えている食品スーパーや量販チェーンの店舗でも、外部の配達員に支払う業務委託料を低く抑える傾向にある。未経験者を含め、配達業務の担い手を見つけやすい環境になったためだ。

業務用食材のルート配送業務に従事していた、ある軽トラドライバーは、飲食店の営業自粛に伴い仕事量が激減したのを受けて、同業の仲間からネットスーパーの配送の仕事を紹介された。すぐに商談の場を設けてもらったものの、あまりにも低い委託料の提示に憤慨して帰ってきたという。

「車両持ち込み、一〇時間以上の拘束で、委託料は一万二〇〇〇円程度。相手はレジ打ちや品出しのアルバイトを雇うような感覚だった。聞けば、それでも引き受けるドライバーもいるという。とても話にならないので、その場でお断りさせてもらった」

政府の緊急事態宣言下でも、国民のライフラインを守るという使命感から、トラックドライバーたちは日々、ハンドルを握り続けてきた。その姿は医療従事者らと同様、社会から高く評価された。

しかしその一方で、コロナ禍による景気後退で需給バランスが崩れてしまったため、今後トラック運送会社の収益性は悪化することが予想される。コロナ感染のリスクに常に晒されながらも、街中を走り回っているトラックドライバーたちは、限られたパイの奪い合いが激化し始めたことで、再び苦境に立たされようとしている。

運賃収入が減れば、当然ドライバーたちの報酬にメスを入れざるを得ない。待遇が悪くなれば、ドライバー職に就く人材はこれまで以上に集まりにくくなる。コロナの影響で職を失った人たちが一時的にトラックドライバーに流れてくる可能性もあるだろうが、それは求人のある他業種よりも就労条件がいいことが前提となる。３Ｋ仕事であるトラックドライバーという選択肢は、常に下位にランク付けされることに変わりはない。

第六章　女性ドライバーの素顔①

――早朝と深夜にパート勤務する軽トラ運転手

〝空白の時間帯〟を埋める宅配サービス

関東地方の梅雨入りが発表された二〇二〇年の六月中旬。夜明け前まで降り続いた雨はすっかりやんで、朝から強い日射しが照りつけていた。この日、私は女性ドライバーが運転する軽トラックに同乗させてもらうことになっていた。

待ち合わせ場所として指定されたのは都内某所の配送デポ。予定より少し早く到着して待っていると、約束の時間通りにドライバーの杏子《きょうこ》さん（仮名）が愛車の軽バンに乗って現れた。

寝不足でぼーっと立っていた私の前を横切る際に運転席から笑顔で軽く会釈してくれた。

そのまま慣れたハンドル捌《さば》きで車両を後進に切り替え、配送デポのプラットフォームに接車した。

運転席から降りてきた杏子さんは長身で、ポロシャツにチノパン、スニーカー姿。長い髪を一本に束ね、首には汗拭き用タオルを巻いている。

「今日は暑くなりそうですね」

互いに簡単な挨拶を済ませると、杏子さんは早速、軽バンに荷物を積み込む作業に取り掛かった。見るからに重そうなコピー用紙や飲料水の入った段ボール箱、逆に中身の存在を疑いたくなるくらいペラペラの紙袋ケースに入った通販商品などを、その日の配達の順番に合わせて手際よく荷台に収めていく。

作業は一〇分弱で終わった。軽バンに積み込んだのは二〇個足らず。宅配便の配達業務にしてはやけに少ない。しかし、杏子さんにその理由を聞いて合点がいった。

「車両に積んだのは午前七時半から一〇時半までの三時間に配達する荷物だけ。仕事の都合などで、日中はもちろん、夜の時間帯でさえも荷物を受け取ることができない人たちのために、通勤前の朝の時間帯に荷物を届けたり、預かったりするのが、ここでの私の仕事」

杏子さんに集配業務を委託している元請けの宅配便会社は数年前に発足したばかりの新興企業だ。ヤマト運輸、佐川急便、日本郵便といった宅配便大手の既存配送網ではカバーしきれていない早朝の時間帯（午前六時〜午前一〇時）や深夜の時間帯（午後八時〜午後十二時）に発生する集配ニーズへの対応力を武器にしている。

前述した通り、ネット通販の成長で需要が急伸し、慢性的な配達ドライバー不足に陥った宅配便市場では、長時間労働や「サービス残業」を強いられるなど大手のドライバーたちの労働環境が悪化した。その過酷な労働実態が社会問題化されたのを受けて、宅配便大手各社はドライバーの「働き方改革」に踏み切った。

「働き方改革」ではドライバーの業務負荷を軽減するため、荷物の受け入れボリュームを調整する総量規制が導入されたほか、ドライバーの休日や勤務中の休憩時間の確保を徹底するため、集荷や配達の業務を行う時間帯にも制限が設けられた。

杏子さんが所属する宅配便会社は、大手の「働き方改革」によって生じた〝空白の時間帯〟をビジネスチャンスと捉えて、早朝や深夜の時間帯にドライバーを厚めに揃える集配システムを構築した。

その戦略が奏功し、現在では首都圏や関西圏の主要エリアを対象に、オフィス向けサプライ品やファッション通販商品を配達したり、クリーニング品やスーツケースなどを回収・配達するインフラとして利用され、取扱個数を伸ばしている。

同社の集配業務の担い手は、中小零細規模の軽トラ運送会社や軽トラの個人事業主たち。早朝や深夜の時間帯のみ仕事を引き受けるパートタイム勤務も可能なため、宅配便大手のドライバーたちが〝もぐりの副業〟として勤務時間外や休日に配達業務に従事しているケースもかなりある。

杏子さんが軽トラのハンドルを握り始めたのはおよそ一年前。軽トラ業を営む知人の男性に勧められて、この世界に飛び込んだ。敬意を込めて「先生」と呼ぶ知人男性から軽バン一台を譲り受けて、最初にスタートしたのは早朝配達の仕事だった。

杏子さんにとって好都合だったのは二時間や三時間という短時間でも仕事を引き受けられること。常勤ではないものの、当時の杏子さんには他にも仕事があり、軽トラ業はあくまでも副業と位置づけていた。

報酬は三時間で七五〇〇円。車両は持ち込みで燃料費も自己負担だが、時給単価としては悪くない。配達個数のノルマや再配達を課せられることもない。先生曰く、「大きく稼げるわけではないが、初心者にはもってこいの〝ゆる～い〟仕事」。その言葉が未経験者である杏子さんの背中を押した。

先生を助手席に迎えた同乗研修を経て、一週間後には独り立ちした。しかし、スタートした当初は苦労の連続だった。

元請けから支給されたスマホの配送管理アプリを使えば、ナビが配達先までの走行ルートを正確に案内してくれるという触れ込みだった。ところが、目的地周辺には辿り着くものの、ピンポイントで目的地を示してはくれない。車両を停めて荷物を抱えながら一〇分近く配達先を探し回ったり、配達先に電話を入れて所在地を確認したりすることもよくあった。

ある集荷先では、依頼主から「これを持っていけ」と足で荷物を押し出されて、嫌な思いをしたり、配達先で玄関のドアが開いた瞬間に無数の虫が飛び出してきて、全身に鳥肌が立ったこともあった。配達中にトイレに立ち寄る回数を減らそうと、夏場に水分補給をセーブしたところ、軽度の熱中症に罹《かか》ってしまった。

仕事に慣れてきたのは三カ月が過ぎた頃だった。担当するエリアの地理に詳しくなり、ナビに依存しなくなった。繰り返し訪問する集配先の所在地も覚えた。作業の生産性は徐々に向上した。それに伴い、ユーザーが希望する時間帯を超えてしまう遅集配も少しずつ減っていった。

高級クラブの経営に疲れて放浪の旅へ

杏子さんはこれまでに様々な職業を経験してきた。一九歳の時に福岡・中洲《なかす》の高級クラブでホステスとしてデビュー。二四歳になると、雇われママとして店の切り盛りを任されるようになった。その翌年には小規模店舗の居抜き物件を譲り受けてオーナーママとして独立を果たした。

しかし、店の経営やキャストたちとの人間関係に疲れて、三年余りで店を売却。その後は過去に何度か社員旅行などで訪れて、その魅力にすっかり取り憑《つ》かれていたというハワイへ、放浪の旅に出掛けた。

所有していた自家用車やブランド品を現金化することで確保した数百万円を切り崩していきながら、ハワイでの暮らしを満喫した。コンドミニアムに居を構え、プールや海で泳いだり、食事や買い物に出掛けたり。文字通り自由気ままな日々を過ごした。

ところが、数カ月が経過すると、蓄えが底をつき始めた。オーバーステイ（在留許可期間の超過）の状態だったこともあり、やむなく日本に帰国することに。降り立った空港からスーツケース一つで向かった先は東京・銀座。高級クラブにスカウトされることが目的だった。

「お化粧をバッチリして小綺麗な服を着て銀座の街を歩いていれば、スカウトマンに声を掛けてもらえる自信はあった」と杏子さん。目論見通り、ホステスの職を手にした杏子さんは、それから約四年間、銀座の夜の街で働いた。

銀座でもその美貌と会話術を武器に多くの利用客に支持された。ただ、銀座で上まで登り詰めるつもりはなかった。銀座は中洲よりもはるかに粘度の高いドロドロとした人間関係が渦巻いていると感じたからだ。

三〇代に入ってからは昼間の仕事に転じた。店舗開発や健康器具の販売、保険外交員といった職に就いた。夜の世界で培った人脈と持ち前の営業力で常にトップクラスの成績を上げることができたという。

もっとも、雇われの身のままで終わるつもりはなかった。いつかは独立するつもりだった。とはいえ、具体的なビジネスプランがあるわけでもない。今後の方向性に迷っていたところ、〝接待を伴う飲食店〟で働いていた頃の常連客の一人だった先生（＝知人男性）に、「軽トラの仕事に挑戦してみないか」と声を掛けられた。

当初は別の仕事と掛け持ちで、軽トラのシフトに入るのは週一～二回程度にすぎなかった。しかし、いまでは早朝に三時間、深夜に二時間の計五時間の乗務を週六日ペースで続けている。近いうちに昼間の仕事からは完全に手を引き、軽トラビジネス一本に絞るつもりだという。

〝稼ぎ〟という点では、水商売のほうが軽トラ業よりもはるかに条件はいい。実際、中洲時代にはどんなに景気が悪くても月収が一〇〇万円を下回ることはなかった。銀座時代もしかり。それに対して、軽トラドライバーとしての杏子さんの現在の月収は、「時給二五〇〇円×一日五時間×週六日」のフル勤務で計算しても三〇万円程度だ。

それでも軽トラ業に魅力を感じているのは「私のような素人でも、物流業界が今後も伸びていくことは容易に想像できるし、何よりも仕事としての安定感がある」（杏子さん）からだ。

新型コロナの影響で企業活動が停止しても、物流は動き続けている。とりわけ宅配便は、巣ごもり消費によるネット通販の拡大で荷動きが堅調だ。杏子さんが言う通り、確かに今のご時世では堅い商売なのかもしれない。

水商売時代の仲間たちは新型コロナによる店の営業自粛で収入がゼロに落ち込んだ月も

あった。そんな彼女たちは夜の蝶から軽トラドライバーへ〝華麗なる転身〟を遂げて、生活が安定している杏子さんのことを羨ましがっているという。

女性だけの配達チームで起業したい

ただし、軽トラドライバーの仕事は決して楽とは言えない。男性でも数日間で音を上げてしまうことが多い。体格や体力の劣る女性が長時間続けていくのは容易なことではないはずだ。

ハンドルを握り始めて一年が経過した杏子さんに、この先もドライバーの仕事を続けていけそうかと尋ねてみた。

「大量の汗が吹き出る夏場はとくにしんどい。重い荷物の積み降ろしや集配時の階段の昇り降りも辛い。でも我慢して続けていると体力がつく。毎日の食事は美味しく感じるし、たくさん食べても太らないからダイエットにもなる。最近は仕事に慣れてきて、この先も続けられる自信がついた。ただ、軽トラドライバーの仕事で女性として一番悲しいのは、爪がボロボロになること。ネイルをするなら、樹脂で硬化させるジェルネイルじゃないと、すぐに剝がれてダメになってしまう」

最近では軽トラビジネスで将来に一旗揚げる夢も持つようになった。女性ドライバーだけで構成する配達チームを発足させたいと考えている。

自宅で荷物を受け取る女性は口には出さないが、女性ドライバーによる配達を希望している。とくに深夜帯は防犯上の観点からも女性ドライバーに訪問されるほうが安心できる。日中も同じ女性同士なら素っぴん（ノーメイク）を晒《さら》すことへの抵抗感が和らぐ。〝在宅なのに不在〟がなくなり、荷物の再配達率を改善できる。杏子さんはそう踏んでいる。

通販商品の軽量化が進んでいる。コロナ後は対面での受け渡しが減り、玄関先などに荷物を置く「置き配」の件数が増えるなど、業務負荷が小さくなっていることも、宅配の現場に女性が進出する追い風になる。

スーパーのレジ打ちなど他のパート・アルバイト仕事に比べれば、軽トラドライバーの時給単価は高い。車両は小回りが効くため、女性でも運転しやすい。その魅力が知られていくことで、軽トラ業に挑戦する女性も増えていくだろう。「女性ドライバーだけの配達チーム」を組織化するという夢も現実味を帯びてくる。

しかし、懸念もある。「女性には結婚、出産、子育て、家事などがあり、せっかく仕事を覚えてきたのに、家庭の事情で辞めざるを得なくなることがよくある。ドライバーとしての定着率がどうしても低くなってしまう」と杏子さん。

女性中心の職場を管理していくことの難しさは、中洲や銀座で働いていた時代に痛いほど経験している。それだけに、宅配便市場で女性ドライバーの需要があることはわかっていても、すぐに行動に移すことはできないと本音を漏らす。

パートタイムで勤務するメリット

配達から運転席に戻り、次の配達先に向かうまでの車中で、仕事やプライベートの話を根掘り葉掘り聞いていたら、あっという間に早朝分の配達が終わっていた。

この日の不在は一軒のみ。遅配はゼロ。事前の準備を忘れていたのか、荷物を引き取る際に玄関先で五分ほど待たされたことを除けば、とくに大きな問題もなく業務を遂行できた。

午前十一時。配送デポに帰還。集荷した荷物を降ろして午前中の任務は完了した。いったん帰宅して昼食を済ませたり、炊事や掃除といった家事をひと通りこなしながら数時間の休憩を取る。その後、午後八時から一〇時までの二時間、再びハンドルを握る。

オンとオフを繰り返す杏子さんの働き方は、連続して一気に長時間乗務するよりも、むしろハードなのかもしれない。それでも「トイレを我慢しなくていい。こまめに着替えもできる。ベランダに干した洗濯物も取り込める。女性にとっては、途中で数時間の休憩を挟む勤務スタイルのほうが便利な面がかなりある」（杏子さん）という。

配送デポから自宅に戻る道中に、昼食を購入するために立ち寄る、最近お気に入りの弁当屋がある。手頃な価格なのにボリューム満点なうえに、添加物を使っていない。「とてもヘルシーでオススメ」というので、私も試しに購入した。

肉系の弁当を手に取ってレジで会計を済ませていると、杏子さんから饅頭《まんじゅう》をひとつ手渡された。それもこの店のイチオシだという。「饅頭は早朝から頑張って働いた自分へのご褒美。お昼にデザートとして食べるのをいつも楽しみにしている」と杏子さん。その日一番の満面の笑みを浮かべた。

言うまでもなく、糖質はダイエットの大敵だ。しかし、軽トラドライバーの仕事と家事との両立で、ハードな毎日を過ごしている杏子さんからすれば、私とは違って、饅頭一個分のカロリーなんて気に留める必要などないのかもしれない。

第七章　女性ドライバーの素顔②

――〝インスタ映え〟する大型トレーラー運転手

大阪港で海上コンテナを搬出入

どんよりとした梅雨空が広がった二〇二〇年六月下旬。この日の同乗取材の待ち合わせ場所は、大阪・泉大津《いずみおおつ》港のフェリーターミナル近くの岸壁沿いにあるトラック置き場（駐車場）だった。現地に到着したのは午前六時。土曜日だったせいだろうか。早朝にもかかわらず、駐車場近くの岸壁は魚釣りを楽しむ親子連れで賑わっていた。

この辺りではいったいどんな魚があがるのだろうか。釣果《ちょうか》を確認しようとベテラン風の釣り人のバケツを覗き込んでいると、携帯電話の着信音が鳴った。その日取材でお世話になる女性トラックドライバーのユミさん（仮名）からの着信だった。

「いまどちらにいらっしゃいますか?」

どうやら私は待ち合わせ場所を間違っていたようだ。土地勘がないうえに、周囲は同じ構造をした平屋の倉庫が立ち並ぶだけの殺風景な場所だった。慌てて目に入った数百メートル先にあるガソリンスタンドの存在を伝えると、「ではそこで落ち合いますか」とユミさん。スーツケースを引きながら小走りでスタンド前に向かうと、手入れの行き届いたピカピカに輝く大型トレーラーが停まっていた。その運転席にはサラサラのロングヘアーで口にはマスク、紺色の作業着姿のユミさんが座っていた。

ドアをあけて助手席によじ登る。座席後方のスペースにスーツケースとカバンを置かせてもらう。互いに簡単な自己紹介を済ませた後、大型トレーラーはその日最初の仕事先だという大阪南港《おおさかなんこう》に向けて出発した。

ユミさんは大型トレーラーで海上コンテナを運ぶ仕事をしている。海上コンテナとは、国際貿易を行う海上輸送などに使用するモノを納めるための容器だ。主なサイズは二〇フィートや四〇フィート。種類としては常温品を運ぶためのドライコンテナや、冷蔵・冷凍品を運ぶためのリーファーコンテナなどがある。コンテナはトレーラーの荷台部分であるシャーシに載せて輸送する。

ユミさんは主に大阪港（稀《まれ》に神戸港も）で積み降ろしされる海上コンテナを扱う。港のコンテナターミナル内のコンテナヤードで海上コンテナを積んで、客先（物流拠点など）まで運ぶ。または、客先から荷物が入った状態や空の状態の海上コンテナを預かり、コンテナヤードに搬入する。コンテナヤード間やコンテナヤード内で海上コンテナを動かす回送業務も担当している。

ユミさんの一日はとてもハードだ。まだ夜明け前の午前三時すぎに起床して、二人の子供と自身のための弁当づくりや夕食の仕込みなど、一通りの家事をこなす。その後、勤務先である運送会社には五時半に出社。アルコールチェックや車両点検などを済ませて、六時すぎには車庫を出発する。忙しい時期には、途中の休憩を挟んで午後八時まで乗務することもある。月～土曜日まで週六日勤務している。

午前三時起床で週六日の勤務。ハンドル操作の難しい大型トレーラーの運転は精神的にも肉体的にも疲れるはずだ。しかし、ユミさんは「慣れてしまえば、全然平気ですよ」とマスク越しの笑顔で否定する。

ユミさんが大型トレーラーのハンドルを握り始めたのは五年前。すでに二五歳の時には大型トレーラーを運転するために必要な大型免許と牽引免許を取得していた。しかし、すぐにはドライバー職に就かず、二人の子供が成長するのを待って、この仕事を始めた。
前職が自動車販売に関係する仕事だったこともあり、車の運転はもともと好きだった。大型トラックのドライバーの仕事には昔から憧れがあり、いつかはそのハンドルを握ると心に決めていたという。

第一章でも触れたが、トラックドライバーの仕事は、まず小型トラックで運転のノウハウや経験を積み、その後、中型トラック、大型トラックの乗務にシフトしていく、というのが通常のキャリアパスだ。

ところが、ユミさんはトラックドライバー職を一度も経験しないまま、いきなり大型トレーラーのドライバーになった。その度胸もさることながら、必要な免許はすでに保有していたとはいえ、トラックの乗務経験がゼロで、しかも女性の採用を決めた会社側にとっても、勇気のいる決断だったに違いない。

ユミさんは「四トンや一〇トンの運転手から経験を積んでいかないと、大型トレーラーのハンドルはなかなか握らせてもらえないと聞く。そういう意味で未経験者の私を採用してくれた会社にはとても感謝している」という。

担い手不足と高齢化が深刻な海コン輸送

近年、大型トレーラーを使う海上コンテナ輸送はドライバー不足に直面している。その深刻さの度合いは、同様の課題を抱えている大型トラックによる長距離輸送や宅配便の領域よりもはるかに高いかもしれない。

実際、すでに港での通関許可は下りているものの、運び手を確保できないため、ヤードからコンテナを搬出できないなど、ここ数年、国内の主要港では円滑な貿易に支障を来たす事態が発生している。

ドライバーが集まらない理由の一つに、海上コンテナ輸送の過酷な労働環境がある。主要港のコンテナターミナルは慢性的な混雑に見舞われており、それに伴いドライバーたちはターミナルのゲート前で長時間の待機を余儀なくされている。その影響もあって海上コンテナ輸送は仕事としての拘束時間がとても長い。

コンテナターミナルの混雑ぶりは尋常ではない。東京都トラック協会が二〇一九年五月に実施した定期調査によれば、東京港の各コンテナターミナル（大井地区、青海地区、品川地区）での待機時間は、輸入、輸出ともに平均で二時間以上、最長では八時間を要していたケースもあった。ドライバーたちは待機している間、トイレにも行けずに積み降ろしの順番を待ち続けている。

港での長時間待機は、海上コンテナ輸送を手掛けるトラック運送会社の収支を圧迫している。ターミナルでのコンテナの出し入れに多大な時間を費やすため、大型トレーラーの一日当たりの稼働量（運行本数）が限定されてしまい、売り上げが思うように伸びないという。

そして会社として十分な収入を確保できなければ、当然、ドライバーの賃金を低く抑えざるを得なくなる。仕事はハードなのに、それに見合うだけの報酬を手にすることができなければ、ドライバー人材が集まるはずはない。海上コンテナ輸送は、収益悪化が労働力不足を招く負のスパイラルに陥ってしまっている。

その一因でもあるコンテナターミナルでの長時間待機の問題は、解消に向けた対策が長年にわたって官民で議論されてきた。しかし、その進みは〝牛歩のごとく〟であり、海上コンテナ輸送を手掛けるトラック運送会社や実務を担うドライバーたちは満足していない。

経済のグローバル化で国際貿易が活発化し、コンテナ貨物の取扱量は世界的に拡大している。これを受けて、海外の主要港では、接岸した船での積み降ろしやコンテナヤードでのハンドリングといった港湾荷役を三六五日二四時間体制で展開している。

ところが、日本では未だ港湾荷役の稼働時間を制限している港が少なくない。コンテナのボリューム拡大に対し、荷役が十分に供給されない需要過多の状態であれば、インフラ（コンテナターミナル）が混雑するのは当たり前だ。今後、日曜（休日）荷役や夜間荷役など混雑緩和のための取り組みが浸透していかないかぎり、ゲート前やゲートの周辺道路で大型トレーラーが長蛇の列をなす光景は消えることがないだろう。

ドライバーの高齢化も加速している。関東トラック協会が実施した調査によれば、二〇二〇年三月三十一日時点で、海上コンテナ輸送を手掛けるドライバーの平均年齢は四九・九歳だった。トラックドライバー（道路貨物運送業）の平均年齢（全国）は大型で四八・六歳、中小型で四六・六歳となっており、それらを一～三歳程度上回る水準で推移している。

年代別では「五〇歳代」のドライバーが最も割合が大きく、全体の三六・〇％を占める。次いで「四〇歳代」が三三・九％。「六〇歳代」一三・一％、「三〇歳代」一一・二％、「二〇歳代」三・一％、「七〇歳代」二・七％と続く。

「四〇歳代」以上は全体の実に八割超に達しており、そのことからも高齢ドライバーへの依存度の高さが窺える。ちなみに、同調査で確認された最高齢のドライバーは七九歳だった。

先にも触れたが、大型トレーラーのハンドルを握るためには、大型自動車の運転免許のほかに、牽引免許を必要とする。長きにわたる活躍が期待できる若年層がなかなか流入してこないのは、このような資格上のハードルの高さもネックになっている。

こうして海上コンテナ輸送の現状を見ていくと、「女性の未経験者」であるユミさんが大型トレーラーのドライバーとして採用された理由が何となくわかった気がした。乗務に欠かせない資格（免許）をすでに持っていて、年齢は三〇歳代。長時間待機など過酷な労働環境も厭《いと》わない〝やる気とガッツ〟がある。海コン業界が求めているドライバーとしての条件を満たす稀有《けう》な存在であることが採用の決め手となったのだろう。

待機時間中はスマホいじり

大阪南港に向かう車中では、ユミさんにプライベートについても色々と話を聞いてみた。趣味は食べ歩き。休日の日曜日には、メディアや口コミで評判のいい肉系メニューが充実した飲食店に足を運ぶ。食事をしながら、口にした牛肉の珍しい部位や、料理が綺麗に盛りつけられたプレート（皿）をスマホのカメラで写真におさめていく。それを自身のインスタグラムのページにアップすることを楽しみにしている。肉好きが高じて、数年前には「お肉ソムリエ」の資格も取得した。

運転中は車内にJ－POPを流している。お気に入りのアーティストの一人は「あいみょん」だ。普段は娘さんと一緒にカラオケ店で熱唱しているが、最近は新型コロナの影響で足が遠のいており、もっぱら運転席での〝ひとりカラオケ〟に興じている。

ゲート前での待機時間中にはスマホが欠かせない。ユーチューブで好きな動画を観たり、SNSをしたりして過ごすことが多い。LINEグループを通じてドライバー仲間たちと周辺道路やゲートの渋滞状況などを共有するのも日課の一つだ。ドライバーたちから寄せられる生の声は、ナビが提供してくれる情報よりも精度が高く、とても役に立つのだという。

トラックドライバー職に対する女性としての不満や不安なども聞いてみた。

不満として最初に挙げたのは、第六章で取り上げた軽トラドライバーの杏子さんと同じく「お手洗い（トイレ）の問題」だった。ユミさんは「女性専用かつ衛生的で、パウダールームが併設されていたり、女性にとって使い勝手のいいトイレが物流現場にもっと普及してくれれば、女性ドライバーたちにとって、もっと働きやすい環境になる」と指摘する。

トラック輸送の現場は長らく、男性のみが働くことを前提に職場環境が整備されてきた。それだけに、女性用トイレの絶対数が足りないなど、未だ女性ドライバーたちへの配慮に欠けている感は否めない。

「トイレ問題」と言えば、もともとは清涼飲料水などが入っていた空のペットボトルに尿を入れて、路上や道路脇の植え込みなどに〝ポイ捨て〟されていることが一時期、社会問題として取り上げられたことがあった。ポイ捨て犯の大半は男性のトラックドライバーだとされている。物流拠点への入線待機中や渋滞運転中など、トイレに駆け込めない時に、空のペットボトルをトイレとして代用している。

緊急時とはいえ、看過できない行為だ。ただ、身体的な構造や羞恥心からペットボトルを使えない女性ドライバーたちからすれば、そうやって用を足せる男性は羨ましい面もあるという。詳細はのちの第八章で触れるが、こうしたトイレ問題を解決することは、トラックドライバー職への女性進出を促していくうえでも、運送業界全体として避けて通れない道であると言えるだろう。

インスタ映えしないカー用品

ユミさんはトラック向けカー（ＣＡＲ）用品にも不満を持っている。作業用手袋をはじめ、運転席に置く小物類、シフトレバーやハンドル用のカバーなど、「自家用車向けに比べ、商用車（トラック等）向けのカー用品は、とにかくイケてない。男性だけが乗務することを前提に開発されており、その商品のほとんどはインスタ映えしない」（ユミさん）。

ピンクやパープルなど女性が好む色を使ったアイテムがこれから増えていくといいですね、と返したところ、間髪を入れずに〝マーケティング講座〟が始まった。

「色はもちろん、柄や形状、キャラクターやロゴなど、女子の好きな要素がたくさん盛り込まれたアイテムが必要。それらに囲まれながら毎日運転の仕事ができたら、女性ドライバーたちはもっとテンションが上がるはず」

いま市場に出回っているアイテムにまったく魅力を感じていないユミさんは、行きつけのカー用品ショップのオーナーに、女性トラックドライバー向け商品を共同で開発することを持ちかけた。自身や女性ドライバー仲間たちのインスタを活用した拡販も提案した。しかし残念ながら、色よい返事はもらえなかった。

恐らく、オーナーが開発に二の足を踏んでいるのは、潜在的なニーズも含め、商品のターゲットとなるマーケットの規模がまだまだ小さいからだ。実際、日本国内でトラックのハンドルを握っている女性ドライバーの数は二万人程度にとどまっている。

海コンドライバーは女性向き

取材当日は土曜日で、しかも新型コロナの影響でまだ荷動きが回復していない時期だったこともあり、いつもより仕事量は少なかった。そのため、ユミさんの乗務は昼すぎまでだった。通常、趣味の食べ歩きは休日である日曜日に行うが、今日は仕事が早く終わるため、夕方すぎから外出する予定だという。翌日は乗務がないので、少しだけ飲酒もするつもりだ。

ヤードへのコンテナ搬入や、翌週月曜日に配達する分のコンテナの引き取りなど、当日予定していた業務をすべて終えて車庫に帰還する道中、取材の最後に仕事の待遇面などについて尋ねてみた。

給与は手取りで月額三〇万円程度。「会社には女性ドライバーが私を含めて四人いる。海上コンテナの仕事をしているのが二人で、残りの二人は大型トラックで雑貨を運んでいる。同じ大型車の仕事でも給与が高いのは、荷物の積み降ろし作業があったりして手当が厚い雑貨のほう」なのだという。

大型トレーラーの仕事には、コンテナロックを解除したり、シャーシを切り離したり、運転席以外の作業がないわけでもない。とはいえ、コンテナ自体をシャーシに載せたり降ろしたりするのは機械（クレーン）で、ドライバーは基本的にハンドルを握ることに専念できる。荷物の積み降ろし作業を伴うことが多い大型トラックの仕事に比べ作業負荷が小さい分、報酬が低く設定されているケースもある。

もっとも、「私にとってはほぼ運転だけという点も海上コンテナの仕事の魅力でもあった」とユミさん。その言葉を聞いたとき、私は海上コンテナ輸送が直面しているドライバー不足を解消するためのヒントをもらったような気がした。

力仕事が少ないという業務面での特徴を逆手にとり、それを最大限にアピールする求人活動を展開する。そうすれば、女性のドライバー志願者たちが予想以上に集まるのではないだろうか。

現在、日本国内には大型自動車の運転免許を保有している女性が約一三万人いるとされている。大型免許を取得しているにもかかわらず、トラックドライバー職に就いていない女性たちがそのターゲットだ。

第三部

物流業界の取り組み

第八章　ドライバー不足解消に向けた処方箋

ドライバーは二八万人不足する

本題に入る前にトラック運送業界がなぜ慢性的なドライバー不足に陥っているのかを改めて整理しておこう。

トラックドライバー職は長らく、きつい、汚い、危険の3K仕事と言われてきた。ただし、3Kである代わりに、比較的高い報酬を手にすることができる〝稼げる〟職業の一つでもあった。過去を振り返れば、ドライバー職の花形とされてきた長距離トラックの仕事では、年収が一〇〇〇万円を超えるケースも珍しくなかった。

ところが、一九九〇年の規制緩和で事業者間の競争が激化するようになって以降、トラックドライバーの職業としての魅力は徐々に薄れていった。厚生労働省の調査によれば、二〇一九年度、大型トラックドライバーの年間所得額は四五六万円、中小型トラックドライバーは四一九万円。全産業平均の五〇一万円と比較すると、大型ドライバーで約一割、中小型ドライバーで二割ほど低い結果となっている。

稼げないが、仕事はハードだ。二〇一九年度、年間労働時間の全産業平均は二〇七六時間。これに対して、大型ドライバーは二五八〇時間、中小型ドライバーは二四九六時間だった。月ベースだと大型ドライバーで四二時間、中小型ドライバーで三五時間長く働いた計算になる。

稼ぎは少ないのに拘束時間が長いという労働実態を受けて、トラックドライバーの仕事には不名誉なレッテルが貼られてしまった。本書の冒頭でも触れた通り、現在ドライバー職は従来の３Ｋに「稼げない（ＫＡＳＥＧＥＮＡＩ）」の頭文字を新たに加えて、〝４Ｋ仕事〟と揶揄する人もいる。

４Ｋ仕事には当然、労働力が集まらない。人材不足は年を追うごとに深刻さを増しており、トラックドライバーの有効求人倍率は二〇二〇年一月時点で三・一四倍であった。この水準は全産業平均の二倍以上に相当する。

トラックドライバーは現時点ですでに一〇万人超が不足している。さらに、鉄道貨物協会の調査によれば、二〇二八年にはその数が約二八万人に膨れ上がる見通しだ。国内の貨物輸送は全体の九割超（トンベース）をトラックが担う。そのハンドルを握るドライバーを確保できなければ、日本経済が麻痺する可能性も否定できない。

そうした懸念は早くも二〇一七年に現実のものとなってしまった。ネット通販での宅配便需要が急伸したのに対し、集配ドライバーの供給が追いつかず、年末繁忙期に大都市圏を中心に大規模な遅配が発生した。戦力補強がままならない宅配便各社は荷物の受入量を制限するなど需給調整を余儀なくされた。

捌《さば》ききれないほどの荷物が集まり、休憩時間が取れない。早朝から深夜まで続く長時間勤務。労働の対価がきちんと支払われない「サービス残業」が横行する。「物流クライシス」や「宅配クライシス」に見舞われたこの年には、人手不足を背景としたトラックドライバーたちの過酷な労働実態も明らかとなり、大きな社会問題となった。

ドライバー人材の安定確保には待遇改善が欠かせない。そして給与など報酬の引き上げには、その原資となる運賃の値上げが必要だ。クライシス翌年の二〇一八年に入ると、宅配便各社をはじめ、大手特積みなどトラック運送会社は一斉に運賃の値上げに踏み切った。

日本の物流がドライバー不足で危機的な状況にあることは荷主側にも理解され、運賃値上げは過去に類を見ないほど、すんなりと受け入れられた感がある。さらに国土交通省が二〇一八年の法改正（貨物自動車運送事業法）を通じて運賃タリフを改定（告示は二〇二〇年）する方針を表明したことも、値上げを浸透させるうえで、大きな援護射撃となった。

二〇二〇年に入ると、新型コロナの影響で「職を失った労働者がトラックドライバーへの転身を図りたいと新規採用に応募してくるケースが増えてきた」（大手トラック運送会社の経営幹部）。とはいえ、ドライバー不足の問題は根本的な解決に至っていない。むしろ、コロナ禍による輸送需要の落ち込みを背景に、運賃は再び値下がりする方向に転じており、今後トラック運送会社の業績悪化でドライバーの待遇が悪化すれば、人材が集まりにくい状況はさらに悪化するのではないかと危惧されている。

果たしてドライバー不足は解消できるのだろうか？

経済同友会は二〇二〇年六月に発表した報告書「物流クライシスからの脱却～持続可能な物流の実現～」の中で、この問題の解決に向けた提言をまとめている。

具体策としては、①既存の営業用トラックの生産性向上、②自家用トラックの活用に係わる規制改革、③大型自動車免許を有する女性と外国人ドライバーの活用、④国家戦略としての機関設立・人材育成――の四つを掲げる。
ここでは、そのうち③大型自動車免許を有する女性と外国人ドライバーの活用、に焦点を当てて、その実現可能性を探ってみたい。

女性ドライバーはわずか二万人

近年、トラックのハンドルを握る女性の姿を目にする機会が増えている。しかし実際には、女性のトラックドライバー就業率は極めて低い。国内の全産業における女性の就業者数約二九九二万人のうち、同じ3K職場とされる「建設業」では約八四万人が働いているのに対し、ドライバー職に就いているのはわずか約二万人にすぎないのが実情だ。

大型自動車免許を有する女性は一三万人に上る。にもかかわらず、ドライバー職が女性に敬遠されるのは、①労働時間が長い、②長距離輸送では日帰り勤務が困難なため子育てに支障を来す、③荷物の積み降ろしなど重労働を強いられる、④更衣室や洗面所などアメニティー施設が充実していない――ためだ。また、ハンドル操作の難しい大型トラックを運転すること自体に不安を抱えている傾向もあるという。

これを受けて、報告書では、女性の就労を促していくために「自動車メーカーの協力を

食品物流を手掛けるアサヒロジスティクスでは、女性ドライバーにとって使い勝手のいい専用トラック「クローバー」の開発・導入を進めている（出典：アサヒロジスティクスホームページ）

得て、『女性が運転し易い車両の標準形』を示すべき」だと提言する。具体的には、運転席での乗降時に転落するのを防ぐためのグリップ設置など、女性に配慮した構造設計を施すべきだと指摘している。

女性ドライバーを強く意識したトラックの開発・導入は、すでにトラック運送会社の独自プロジェクトとして始まっている。

例えば、食品物流を展開するアサヒロジスティクスでは二〇二〇年三月、女性専用の配送車両「クローバー」（一～四トンクラス）の導入をスタートした。現在では関東エリアの三事業所で計五台を運用している。

「クローバー」では、荷台部分にあるラッシングベルトを通常よりも低い位置に配置。着替えや休憩時のストレスを軽減するため、運転席全面を覆うことができるカーテンも装備した。さらに小物類を置く収納スペースを増設するなど女性ドライバーのニーズを反映させた構造になっている。

トラックはこれまで男性ドライバーの目線で開発・改良が進められてきた。しかし今後、同社のような取り組みが業界全体に波及していけば、中小型はもちろん、よりハードルが高いとされる大型トラックのハンドルを握る女性も増えていく可能性はありそうだ。

外国人ドライバーの受け入れを視野に

一方、外国人ドライバーの活用も長らく業界内で議論されてきたテーマだ。そもそも日本で外国人ドライバーが実現しないのは、運転免許制度や業法上の問題ではない。在留資格が付与されないためだ。また、トラック運送業は日本国内の労働力不足を解消する目的で新たに策定された在留資格である「特定技能」の適用業種からも除外されている。

これに対して、報告書では、外国人ドライバーを「特定技能」の対象として認めてもらうための標準的な教育項目を早急に策定すべきだと提言している。具体的には、①トラック車両の運転技術に関する教育、②荷扱いのスキルを身につけるための教育、③運行管理システムの教育――を挙げる。すなわち、ドライバーの仕事を教育体系として確立して「専門性の高い技能」とすることで、日本の高度な技術移転と国際貢献を目的とした「技能実習制度」の趣旨に合致させようというものだ。

かつてトラック運送業界は運行の安全面や低賃金化による運賃競争激化への懸念から外国人ドライバーの活用には慎重だった。しかし近年は外国人ドライバーの受け入れに前向きな姿勢を示している。

実際、業界団体の全日本トラック協会は二〇二〇年六月、自由民主党の「外国人労働者等特別委員会」に対し、道路貨物運送業務を「技能実習二号移行対象業種」に追加するよう要望した。

二〇一九年四月の出入国管理法改正では、人手不足が深刻な業種を対象に、新たな在留資格として「特定技能」が導入された。制度運用開始から二年近くになる現在、政府は同制度の見直しを検討している。それに合わせてトラック運送業界は慢性的なドライバー人材不足を解消することを目的に、道路貨物運送業務を新たに対象業種に加えることを求めている。

トラックの運転が単純労働ではなく、技術職と認められれば、外国人ドライバーに門戸は開かれることになる。最終的に政府がどう判断するかは現時点では未知数だが、少なくともトラック運送業界が外国人ドライバーに活路を見いだす方向に大きく舵《かじ》を切ったことだけは確かなようだ。

ドライバーのいらない仕組みをつくる

そもそも、女性や外国人の活用は、ドライバー不足を、新たな担い手を創造していくことで補っていこうという試みだ。これに対して、輸配送の生産性を高めていくことで、必要となるドライバーの絶対数を抑えようというアプローチもある。

例えば、宅配便の分野では、年間に約九万人相当のドライバーを要しているとされる再配達の件数を減らしていくことで、この問題を解決しようとしている。その具体的な施策の一つが、「宅配便受け取りロッカー」の設置だ。

「宅配便受け取りロッカー」は、鉄道駅など公共性の高いスペースや、スーパー、コンビニなどの店舗に置かれている。通勤・通学や買い物のついでに、宅配便のユーザー（荷受人）にそのロッカーまで荷物を取りにきてもらうことで、再配達を減らす取り組みだ。政府は二〇一七年度に設置費用の五〇％を補助する制度を創設するなど、宅配ロッカーの普及促進を後押ししてきた。

ヤマト運輸では、フランスの郵便機器製造会社ネオポスト（現クアディエント）との合弁

ヤマト運輸では2022年度までに宅配ロッカー「PUDOステーション」を全国約5000カ所に設置する計画だ（©朝日新聞社）

会社である「パックシティジャパン」を通じて、宅配ロッカー「ＰＵＤＯ《プドー》ステーション」の設置を進めている。その数は全国約四〇〇〇カ所に達する。設置場所は駅や小売店舗のほか、「宅急便」を扱う自社営業所など。二〇二二年度までに全国五〇〇〇カ所への設置を目指す。

「ＰＵＤＯステーション」の特徴の一つは、共同利用型であることだ。使用料を支払えば、他の宅配便会社も利用できる仕組みになっている。実際、二〇一七年一〇月からは佐川急便や、国際宅配便を手掛けるＤＨＬジャパンが「ＰＵＤＯステーション」を活用している。

共同利用には、各社がそれぞれにロッカーを設置するのに比べ、投資負担を抑制できるほか、複数の宅配便会社からの荷物を一カ所で荷受けできるようになり、ユーザーの利便性も向上するというメリットがある。

日本郵便は自前の宅配ロッカー「はこぽす」を展開してきたが、二〇一九年六月からは「ＰＵＤＯステーション」の利用も開始した。従来、同社では二〇二〇年度までに「はこぽす」を国内約一〇〇〇カ所に設置する計画だった。しかし、独自路線から方向転換し、「PUDOステーション」という選択肢を新たに加えたのは、「ゆうパック」の受け取り窓口を増やすのが狙いだ。

宅配ロッカー利用率は一％未満

ヤマトが構築してきたインフラに、佐川急便や日本郵便が相乗りする格好となったことで、宅配ロッカーの整備に対する宅配大手三社の足並みは揃った。それによって、当初懸念されていた「宅配便の事業者ごとにロッカーが各所に乱立する」という非効率な環境が生まれることはひとまず避けられた。

ただし、宅配ロッカーには大きな課題がある。利用率が極端に低いという点だ。内閣府の調査（二〇一七年度）によれば、再配達の荷物を宅配ロッカーで受け取ったユーザーは一％にも満たない。さらに、ヤマトでは「宅急便」の取扱個数全体のうち、宅配ロッカーやコンビニなど「自宅以外」で荷物を受け取った割合は六％程度にすぎないという。

ヤマトのあるセールスドライバーは「不在だった荷物を宅配ロッカーに転送するケースは数日に一件という程度。はじめから配達先が宅配ロッカーに指定されている荷物もほとんどない。駅や店舗よりも稼働率が低いのは営業所に設置している宅配ロッカー。営業所まで出向いてくれるお客さんは窓口で対面して荷物を受け取ってくれる。わざわざ宅配ロッカーから荷物を引き取ろうとはしない」と指摘する。

宅配ロッカーの利用が思うように進まないのは、荷物はできるだけ自宅で受け取りたいというユーザー側のニーズが根強いことも影響している。言うまでもなく、駅や店舗の宅配ロッカーを荷物の配達場所に指定すれば、ロッカー〜自宅間を運ぶのはユーザー自身となる。とりわけ重量や容積のある荷物の場合、自宅までの〝横持ち輸送〟はユーザーにとって肉体的な負荷が大きい。

また、再配達の〝手軽さ〟も宅配ロッカーの利用を促すうえでは逆風だ。日本の宅配便サービスでは、営業所やコールセンターに依頼したり、ドライバーに直接連絡を入れたりすれば、再配達であっても希望する時間帯に自宅で確実に荷物を受け取ることができる。しかも再配達には追加料金が掛からない。

そのため、宅配ロッカーが利用されるのは、「宅配便会社の配達時間帯内には不在だが、どうしてもその日のうちに荷物を受け取りたい」や「同居人に荷物の存在を知られたくないので自宅外で受け取りたい」といった特別な理由がある場合に限定されているのが実情だ。

ある物流業界の関係者は「例えば、『再配達分の荷物はすべて最寄りの宅配ロッカーで受け取ってください。自宅へのお届けを希望する場合は追加料金をいただきます』だったり、『宅配ロッカーで荷受けしてくれれば、料金を値引きしたり、ポイントを付与したりします』といったような抜本的なルール改正でもないかぎり、宅配ロッカーの利用率は低迷が続くだろう」と分析する。

アマゾンは独自ロッカーを整備へ

利用を促す目的で、発送する荷物を宅配ロッカーで受け付けるという試みも始まっている。ネットを通じて個人間でモノを売買するフリマアプリの「メルカリ」は二〇一八年十一月、「PUDOステーション」から荷物を発送できるサービスを開始した。従来、荷物の発送は宅配便の営業所やコンビニ店舗などで、対面で行う必要があったが、宅配ロッカーという二四時間三六五日対応が可能な〝無人〟の窓口を用意することで、「メルカリ」ユーザーの利便性を高めるのが狙いだ。

もっとも、年間約四三億個（二〇一八年度実績）の宅配便取扱個数のうち、フリマでや

アマゾンは2019年、独自の宅配ロッカー「Amazon Hubロッカー」のコンビニや鉄道駅への設置をスタートした(©朝日新聞社)

り取りされるような個人間取引であるＣ２Ｃの荷物が占める割合は、全体の一〇%にも満たないとされる。そのことからすると、宅配ロッカーに発送窓口としての機能が加わったとしても、利用率の改善に与えるインパクト(効果)は限定的と言えるだろう。

そんな中、ネット通販最大手のアマゾンジャパンが独自の宅配ロッカーを整備していく、と発表した。二〇一九年に東京都内や神奈川県内のコンビニや駅などに宅配ロッカー「Ａｍａｚｏｎ Ｈｕｂロッカー」の設置をスタート。二〇二〇年度以降は設置場所を全国にまで拡げていく計画だという。

アマゾンはここ数年、「サービスプロバイダ」と呼ぶ配達協力会社と、「アマゾンフレックス」による直接雇用ドライバーを活用した自社配送ネットワークの構築を進めている。今回、アマゾンが専用の宅配ロッカー設置に動いたのは、宅配大手三社への依存度をさらに下げていき、将来的には配送の完全自社化を目指す姿勢の表れにほかならない。その戦略上、アマゾンには既存の宅配ロッカーに相乗りするという選択肢はなかったのだろう。

宅配大手三社が足並みを揃えた「PUDOステーション」と、アマゾン独自の「Amazon Hubロッカー」。前述した通り、このまま利用率の伸び悩みが続けば、「宅配ロッカー」は、ドライバー人材不足の解決に向けたソリューションとして、さほど大きな効果が期待できそうにない。

戸建て住宅や、マンションなど集合住宅に設置される宅配ボックスは、不在再配達問題の解消に大きく貢献する（出典：パナソニックホームページ）

「宅配ボックス」の利便性

再配達の削減という意味では、「宅配ボックス」の普及のほうがはるかにインパクトは大きいだろう。宅配ボックスとは、その名の通り、宅配便を受け取るための箱である。戸建て住宅であれば、玄関先に置かれていたり、マンションなどの集合住宅であれば、共用スペースにある部屋別の郵便受けに併設されている。

配達ドライバーたちにとって、宅配ボックスが設置されている住宅は「日々激務を続けている中でオアシスのような存在」（首都圏の宅配便ドライバー）だという。届け先が不在であっても、ボックスに荷物を入れれば、配達業務が完了するからだ。荷受人と対面する必要がない。判取り（受領印）も要らない。もちろん、再配達にもならない。

一方、ユーザーには、不在にする時間帯があっても確実に希望日に荷物を受け取れる、わざわざ再配達を依頼しなくて済む、といったメリットがある。ドライバー側と同様、対面での受け取りを避けたいというニーズは新型コロナ以降、より一層高まっている。

このように宅配ボックスはドライバーとユーザーの双方の利便性を高めるツールと言える。しかし、肝心の普及率はまだまだ低いというのが実情だ。

新設される集合住宅には宅配ボックスが標準装備されることが多く、また既存の集合住宅でも住人からの要請で宅配ボックスの後付け設置が進んでいるが、部屋数や利用頻度（需要）に対してその数が足りていないケースも見受けられる。戸建てに至っては、数年前に実施された民間会社の調査によれば、日本国内での普及率はわずか一％にすぎないという。

宅配ボックスの普及が加速していかないのは、設置に掛かるコストを誰が負担すべきなのかという議論があるためだ。宅配会社側なのか、それともユーザー側なのか。双方にメリットをもたらすがゆえに、なかなか結論が出ない。

ある宅配便会社の経営幹部は「われわれが一軒一軒にボックスを設置していくのは現実的ではない。投資負担が大きすぎる」と漏らす。宅配便会社側は、ユーザー側による導入でボックスが広がっていくことを期待しているというのが本音のようだ。

低価格な簡易型ボックスが登場

一般的に宅配ボックスといえば、盗難防止の観点などから、金属製で容積・重量があるというイメージが強い。しかし、その構造だと価格は数万円以上となり、購入のハードルが上がってしまう。そのため、市場では近年、ユーザー側の負担で設置することを前提にした、リーズナブルな製品が相次いで投入されるようになった。

ネット通販サイトやホームセンターの店頭では、一万円を下回る価格帯の品揃えが充実している。それらの多くはプラスチック製または布製の軽量タイプだ。宅配ボックスそのものの持ち運びが容易だったり、未使用時はコンパクトに折り畳める構造になっており、玄関先に常に固定して設置するというよりも、宅配便の配達が予定されている日だけ玄関先に置いておく、という運用スタイルが適している。

ただし、軽量であるがゆえに、配達された宅配便がボックスごと盗難されるリスクもある。そこで、ボックスには付属品として金属製のワイヤーが用意されている。そのワイヤーでボックスをドアノブなどに固定することで、盗難を回避する仕組みだ。また、長時間にわたって玄関先で野ざらし状態になることを想定し、ボックスには降雨による水濡れから宅配便を守るための防水加工も施されている。

こうした簡易タイプでも宅配ボックスとしての機能は十分に果たしているようだ。半年ほど前に布製のボックスを購入したという、あるユーザーは「ネット通販で週に二～三回程度宅配便を利用しているが、ボックスでの荷受けで盗難等の被害に遭ったことは、これまで一度もない。玄関先に監視カメラを設置していることが奏功しているのかもしれない。高額な商品を購入しているわけでもないので、万一、盗まれても仕方ないと割り切っている」と説明する。

宅配便会社にとって、このようなユーザー側の荷受けに対する意識の変化は歓迎すべき現象と言えるだろう。これまで宅配便業界ではタブーとされてきた「置き配」が容認されつつあることを意味するからだ。

宅配便の再配達率は全体の二割程度に達する。仮に各世帯への宅配ボックスの完全普及が実現すれば、再配達率は限りなくゼロに近づいていくことが想定される。

宅配便会社側も「配達が一度で完結できるような環境になれば、業務の生産性は飛躍的に向上する。ドライバーの人手不足も解消される。ボックスの普及を通じて長年の懸案だった再配達問題がクリアになれば、宅配便というサービスが誕生して以来の〝大変革〟と言えるだろう」（宅配便会社の役員）と期待している。

第九章　宅配便を「置き配」するギグワーカー

運転免許の要らない配達員

単発で短期の仕事に従事する人を「ギグワーカー」と呼ぶ。もともとは音楽やスポーツ、社会貢献など、〝ビジネス以外〟の活動に軸足を置きながら、生活の糧を得るため、メーンの活動の隙間時間を使って働く人たちのことを指していた。ところが近年は、本業を持ちながら空いた時間で副収入を得る〝副業型〟のギグワーカーが増えているという。

国内のギグワーカー（副業型を含む）は現在、一〇〇〇万人を超えたとされる。政府や企業が「働き方改革」の一環として、従業員による副業を推奨・容認するようになったこともあって、その数は今後も拡大していくと見られている。

従来、ギグワーカーが請け負う仕事はデザイン、編集、プログラミング、翻訳、企画書作成といった専門性の高い業務が中心だった。しかし最近では、その守備範囲が広がり、人事や財務、法務といった組織運営の要となる業務にもギグワーカーが活用されるようになっている。

ギグワーカーの代表的な仕事の一つに「Ｕｂｅｒ Ｅａｔｓ（ウーバーイーツ）」の配達がある。ギグワーカーたちは注文者（購入者）に代わって飲食店で料理を受け取り、自宅まで届けることで手数料収入を得ている。コロナ禍による出前ニーズの拡大を受けて、ロゴ入りの黒いカバンを背負い、自転車やバイクで飲食店～消費者宅を行き来している彼らの姿を街中で見かける機会は格段に増えた。

「ウーバーイーツ」の仕事は、ギグワーカーたちにとって、自分の好きな場所で好きな時間だけ働けることが最大の魅力だ。一方、「ウーバーイーツ」側は、配達員を常用して各エリアに配置するのではなく、ギグワーカーを組織化し、需要変動に合わせて柔軟に供給することで、オペレーションコストを低く抑えている。

出前サービスだけでなく、宅配便の配達でもギグワーカーたちが活躍し始めている。ヤマト運輸では、二〇二〇年六月にスタートしたＥＣ向け新配送商品「ＥＡＺＹ（イージー）」の配達業務に「ＥＡＺＹ ＣＲＥＷ（イージークルー）」と呼ぶギグワーカーを採用している。

同社の主力商品である「宅急便」のセールスドライバーは、原則としてトラックを運転する。それに対して、「ＥＡＺＹ ＣＲＥＷ」は台車や自転車などの小型モビリティーを使った配達業務が中心となる。そのため、軽トラを持ち込まないスタッフは自動車運転免許を必要としない。配達員のハードルを下げることで、安定的に人材を確保できる体制を構築する狙いだ。

西濃《せいのう》運輸を傘下に置くセイノーホールディングスも、ギグワーカーを活用した宅配便ネットワークの整備に乗り出した。同社は二〇二〇年八月、通販会社のフェリシモなどと共同で、ギグワーカーや協力配送会社の配達機能を組み合わせ宅配便の新サービス「ＯＣＣＯ（オッコ）」を本格スタートした。

「ＯＣＣＯ」は、荷主の工場や物流センターから出荷される通販商品などを西濃運輸グループの輪配送ネットワーク（路線便）を活用して集荷、幹線輸送した後、ギグワーカーや配送協力会社が配達する仕組みだ。今後は誰でも利用できる宅配プラットフォームとして他の通販会社などにも広く開放していく方針を打ち出している。

配達員として機能するギグワーカーたちは、二〇二〇年八月にセイノーHDグループ入りした「リビングプロシード」社から供給される。同社はフリーペーパー配布によるプロモーション事業を専業としており、現在約一万人の配布員を組織化しているという。

「置き配」専用スタッフを組織化

物流会社がギグワーカーの活用を前提とした宅配便の新商品を市場に投入した背景には、「置き配」の浸透がある。「置き配」は荷物の盗難リスクから宅配便業界では長らくタブーな行為とされてきたが、不在再配達率の高さが社会的にも問題視され、さらに新型コロナ以降は非対面・非接触での荷物のやり取りが求められるようになったことで、世間から容認されつつある。

「置き配」は玄関先での判取りを必要としない。再配達も発生しない。宅配便の実務経験に乏しいスタッフでも届け先の住所さえわかれば効率的に配達できる。

少し乱暴な表現だが、誰でも配達の仕事に従事できるようになった。そこで、宅配便会社が「置き配」の担い手として着目したのが、使い勝手のいいギグワーカーたちだった。

実際、ヤマトの「ＥＡＺＹ」は「置き配」を強く意識した商品設計になっている。荷受け方式として、従来の「対面式」にも対応するものの、「玄関ドア前」「自宅宅配ボックス」「ガスメーターボックス」「自転車のかご」などといった〝配達場所〟の選択肢を充実させて、ユーザーに「置き配」の利用を促している。

一方、セイノーの新商品「ＯＣＣＯ」も、玄関先への「置き配」や宅配ボックスへの配達など非対面式での荷物のやり取りを基本としている。具体的な料金水準は明らかになっていないが、「ＯＣＣＯ」は「置き配」での配達を前提としているため、既存の宅配便よりも低価格なサービスを提供できるという。

「置き配」に風穴をあけたアマゾン

そもそも日本での「置き配」の浸透に際して風穴をあけたのはアマゾンジャパンだ。同社は二〇二〇年三月下旬から、商品注文時の配送オプションであった「置き配指定サービス」を、配送方法の選択肢の初期設定に改めた。

これを機に、アマゾンでは三〇都道府県（一部地域を除く）向けの商品配送の標準を「玄関への置き配」とし、従来の基本だった「対面での受け取り（受け渡し）」を選択メニューの一つに〝格下げ〟した。

新ルールでは、購入時に配送方法について特段の意向を示さないかぎり、商品は在宅でも不在でも玄関先に届けられるようになった。置き配場所の選択肢には、初期設定である「玄関」のほか、「宅配ボックス」「ガスメーターボックス」「自転車のかご」「車庫」「建物内受付／管理人」を用意している。これまで通り、対面での受け取りを希望する場合には、「置き配を利用しない」を選択する仕組みだ。

繰り返しになるが、置き配には、不在でも商品を受け取れるため、再配達が発生しないという利点がある。玄関先での応対や受領サインのやり取りも必要としない。アマゾンではこうした「商品の受け取りやすさ」を前面に打ち出して置き配の利用を促している。

一方、置き配のデメリットとされる軒先での盗難リスクには、①配達完了通知メールやウェブの配達状況確認画面に「置き配」した場所の写真を掲載、②配達済みのはずの商品が指定場所になかった場合には商品の再送や返金に応じる――といった対処策を講じることで、ユーザーの不安を払拭しようとしている。

アマゾンは二〇一九年十一月から約一カ月間にわたって岐阜県多治見《たじみ》市で置き配指定を標準とした商品配送の実証実験を展開した。同社によれば、その期間中、多治見市のアマゾンユーザーの約七割が購入した商品を置き配指定で受け取り、その結果、再配達の件数は通常時に比べ半減したという。

さらに二〇二〇年一月には東京都内三区、大阪府三区、名古屋市、札幌市でも実証実験を実施した。いわゆる大都市圏においても、多治見市と同様、再配達の半減に成功するなど置き配の有効性を確認できたことから、二〇二〇年三月下旬に三〇都道府県を対象にした本格運用に踏み切った。

同社のジェフ・ハヤシダ社長は「置き配指定サービスの初期設定が、お客様の再配達の手間を軽減し、より便利に商品をお受け取りいただけることに加え、配送に関する社会的課題解決のために重要な役割を果たすと考えている」とコメントしている。

アマゾンでは、置き配を推進するのはあくまでもユーザーの利便性向上（商品の受け取りスタイルの多様化）や社会貢献（再配達削減による環境負荷軽減）を実現するためだ、と強調する。しかし、その主たる目的がコスト削減にあることは想像に容易い。

商品配送を「対面での受け渡し」から「置き配」に移行させることのコストインパクトは非常に大きい。実証実験の結果からも判明したように、まず再配達が劇的に減少する。さらに、指定された場所に商品を置くだけなので、配達業務には経験の浅いスタッフを充てられるようになる。また、一日当たりに配達する個数も上乗せできるなど、配達効率は飛躍的に向上する。

置き配の推進で浮いた分のコストは配送料金の値下げというかたちでユーザーに還元できる可能性もある。配送料の負担が軽減されれば、ユーザーの購買意欲が高まり、売り上げ増につながることも期待できる。

置き配の本格運用に舵《かじ》を切ったことで、この先アマゾンの商品配送体制は大きく変化していくと予想される。現状では、サービスプロバイダと呼ぶ配送委託会社を軸に、宅配便大手三社や「アマゾンフレックス」（アマゾンが直接業務委託契約を結ぶ個人事業主）といったプレーヤーたちを、荷物の大きさやエリアごとで使い分けている。

しかし、今後は「アマゾンフレックス」の比率を徐々に高めていくはずだ。配達スキルがさほど問われなくなる置き配が中心となれば、「アマゾンフレックス」の活用よりもコスト高となる「サービスプロバイダ」や宅配便会社の機能を必要としなくなるからだ。実際、二〇一八年十一月に東京都、神奈川県の一部地域で始まった「アマゾンフレックス」はその後、関東、関西の他北海道、宮城、愛知、広島、福岡まで対象エリアを拡大した。「アマゾンフレックス」の配達ドライバーたちが所属する配送拠点である「デリバリーステーション」の数は、現在二〇～三〇カ所まで増加している。

コロナ対策で対面受け取りを回避

こうしたアマゾンの一連の動きを、ネット通販の同業者や物流会社はどのように捉えているのだろうか。両者に共通するのは、アマゾンの実証実験で約七割が置き配で商品を受け取ったという結果に驚嘆している点だ。

あるネット通販会社の物流担当者は「置き配に抵抗のない通販ユーザーがそれだけいることはまったくの予想外だった。廉価だったり、サイズの小さい商品については郵便受けや宅配ボックスへの投函を受け入れてくれるものの、高額だったり、大きい商品は対面での受け取りでないと納得してくれないと思っていた。置き配に軸足を移したアマゾンの取り組みは、当社だけでなくネット通販会社の商品配送のあり方をゼロベースで見直すきっかけとなりそうだ」と説明する。実際、日用品ネット通販大手のアスクルは二〇二〇年十月から個人向け通販「ロハコ」で全国を対象にした置き配をスタートした。

一方、宅配便会社の経営幹部は「たとえ荷受人から指示されたとしても、後でトラブルのもとになりかねないため、置き配は御法度とされて育ってきた我々にとって、置き配を受け入れた通販ユーザーが七割に達したという実証実験のデータは衝撃的な数字だ。そこまで置き配が容認されるのであれば、今後は置き配を前提とした宅配便の新商品・新サービスを設計する必要が出てくる」と指摘する。

アマゾンの実証実験で置き配の支持率の高さを確認できたことが背中を押したかどうかは定かではないが、前述のように、ヤマトや西濃は早々と置き配に特化した宅配便の新サービスを投入した。

やや不謹慎な表現になってしまうが、昨今の新型コロナ騒動は置き配の浸透にとって追い風となっている。ウイルス感染防止の観点から、対面での商品受け取りを回避したいと考えている通販ユーザーが増えているためだ。配送する側でもそうしたニーズを受け入れて、受領印や受領サインのやり取りを省略したり、インターホンを押して訪問を伝えたうえで商品を玄関先に置いて帰るなど、配達員と荷受人の接触を避ける対策を講じている。

従来から置き配に比較的寛容だった欧米諸国とは異なり、日本では長らく、宅配便は対面で受け渡しすることが常識とされてきた。日本の宅配便会社はそのことを前提に配達ネットワークを構築し、手間の掛かる再配達にも追加料金を徴収せずに対応してきた経緯がある。

しかし、ネット通販の普及で宅配便の利用頻度が一気に増したことで、ユーザー側の宅配便サービスに対する許容範囲は広がったようだ。アマゾンの実証実験結果を見るかぎり、ユーザー側の置き配への抵抗感が薄まりつつある様子が窺える。

さらに、置き配の浸透は、ギグワーカーという使い勝手のいい人材を配達業務の戦力として活用することを可能にした。

経験値を問わない投げ込み宅配

宅配便で運ぶ荷物が小型化していることもギグワーカーの活用促進を後押ししている。

近年、ネット通販では廉価で容積が小さい商品の販売も増えている。それに伴い、宅配便各社はヤマトの「ネコポス」や日本郵便の「ゆうパケット」のように小型商品に焦点を当てた低価格サービスを開発・投入し、顧客の囲い込みを図っている。

「六〇サイズ（縦・横・高さの合計が六〇センチ）」に満たない荷物を対象にした、こうした宅配商品は、原則として自宅の郵便受けや宅配ボックスへの投函で配達を完了する。その分、料金は割安に設定されている。判取りのいらない、いわゆる〝投げ込み型〟の宅配便であるため、「置き配」と同様、ギグワーカーのような経験値の低いスタッフでも十分対応できる。

先にも触れたが、国内の宅配便取扱個数は年間約四三億個（二〇一八年度実績）に達する。ネット通販での利用拡大で、ここ数年、取扱個数は急伸しているが、実は高い伸び率での推移を牽引しているのはこうした小型商品だ。

例えば、ヤマトの「ネコポス」の取扱個数は二〇二〇年度、二〇二〇年九月までの累計で前年同期比四六・〇％増と、驚異的なペースで伸長している。まだ母数が小さいため、「宅急便」の取扱個数全体に占める割合は一〇％程度にすぎない。しかし、その成長性や潜在的なニーズを勘案すれば、いずれ「宅急便」に並ぶ主力商品となる可能性も否定はできない。

宅配便はこれまで、サービスの品質を維持するため、教育や訓練の行き届いた正規雇用スタッフが扱うべきだとされてきた。それが「宅急便」の生みの親である故・小倉昌男氏の教えだった。

しかし、「ネコポス」の配達スタッフはギグワーカーたちが中心となる。生活スタイルや商習慣の変化、さらに今回の新型コロナ騒動を経て、宅配便の利用者ニーズは多様化している。それに伴い、宅配便の事業モデルが大きな転換点を迎えている。

第十章　荷物も運ぶようになったタクシー&バスのドライバー

トラックは人を運ばない

もともと、人（旅客）を乗せるタクシーやバスが貨物を有償で運ぶこと、逆に貨物を運ぶトラックが人を有償で運ぶことは一部例外を除けば、法的に認められていなかった。同じ自動車を使った運送業であっても、旅客輸送と貨物輸送には明確な棲み分けが存在していた。

ところが、二〇一七年の規制緩和で、条件付きではあるものの、その垣根が取っ払われた。タクシーやバスのような旅客自動車運送事業者が貨物自動車運送事業の許可を、反対にトラック運送会社のような貨物自動車運送事業者が旅客自動車運送事業の許可をそれぞれ取得すれば、人と貨物を「かけもち」で輸送できるようになった。これを「貨客混載」という。

国土交通省が定めた「かけもち」基準の詳細は、ここでは割愛するが、ポイントの一つは現状、その対象が過疎地域に限定されている点だ。国交省では、規制緩和に踏み切った背景として、「自動車運送業の担い手不足と人口減少に伴う輸送需要の減少により、過疎地域等において人流・物流サービスの持続可能性の確保が深刻な課題となっている」（自動車交通局資料）ことを挙げている。

繰り返しになるが、トラック運送会社は慢性的なドライバー不足に悩まされている。また、需要の少ない過疎エリアでは非効率な輸配送を強いられるケースもある。一方、タクシー会社やバス会社は人口減の続く過疎エリアで運賃収入が激減している。タクシー会社やバス会社が車両の空きスペースや空き時間を活用して貨物を運ぶようになれば、新たな収入源となるうえに、トラック運送会社にとっては人手不足の解消や輸配送の効率化につながるというわけだ。

もっとも、このプランが持ち上がった当初、貨客混載の解禁に異を唱えるトラック運送会社も少なくなかった。ある大手物流会社の経営幹部は、「トラックの助手席や荷台に人を乗せて運ぶことは非現実的で、おそらくニーズもない。従って、貨物を運べるようになったタクシー会社やバス会社のほうが規制緩和の恩恵は大きいはずだ」と指摘する。

実際、貨客混載が解禁されて以降、「トラックに人（旅客）を乗せて輸送する」ケースは見当たらない。これまでの実例を見るかぎり、貨客混載は今後も「タクシー、バスが貨物を運ぶ」取り組みを中心に、全国各地で事業が展開されていくことが予想される。

タクシーによる貨客混載に積極的なのは佐川急便だ。同社では、主に過疎エリアを対象に、地元のタクシー会社に宅配便の集配業務を委ねるスタイルの貨客混載を推進している。佐川の営業所からトラックでタクシー会社の営業所まで荷物を運び、そこでタクシーのトランクに荷物を積み替えた後、タクシードライバーが個人宅などに荷物を届ける。タクシードライバーは配達業務に加えて個人宅などからの集荷業務を、乗車待ちや空車時間など運行の空き時間に行うという仕組みだ。

佐川は本社を構えるお膝元の京都で「山城ヤサカ交通」（相楽《さがら》郡笠置《かさぎ》町、二〇一八年一〇月〜）との取り組みをスタートしたほか、過疎化が深刻な北海道エリアでの事業化を加速している。北海道では、「ＨＥＹタクシー」（上川《かみかわ》郡当麻《とうま》町、二〇一八年十一月〜）や「天塩ハイヤー」（天塩《てしお》郡幌延《ほろのべ》町、二〇一八年十二月〜）といったプロジェクトに加え、タクシーと鉄道「JR北海道」（稚内《わっかない》駅〜幌延駅、二〇一九年四月〜）を組み合わせた貨客混載にも挑戦している。

こうした取り組みを通じて、佐川はトラックの運転時間やCO_2排出量の削減などを実現し、一方のタクシー会社は集配業務の受託料を、鉄道会社は幹線輸送の代行料を新たな収入源として確保できるとしている。

産直品の商圏拡大に寄与

バスによる貨客混載は、①路線バスの活用、②高速バスの活用——の大きく二つのパターンに分類できる。

①の路線バスの活用は、本来トラックで行う支店・営業所間などの輸送を、路線バスの利用に置き換えるというものだ。貨物は路線バスの空きスペース（座席部分や荷台部分）に載せて、停留所などで積み降ろしをする。ヤマト運輸、佐川急便、日本郵便の宅配大手三社がそれぞれに地域のバス会社と手を組んでいる。

宅配会社には、物量がまとまらないエリアに向けた運行便や、集配車による支店・営業所〜担当エリア間の行き来を減らせるメリットがある。これに対して、バス会社は収入アップとそれに伴う路線維持（赤字路線の収支改善）などが期待できる。

この路線バスモデルの代表例には、「全但《ぜんたん》バス&ヤマト運輸」（兵庫県豊岡市、二〇一七年六月～）、「秋田中央交通&佐川急便」（秋田県男鹿《おが》市、二〇一八年二月～）、「JR四国バス&日本郵便」（高知県香美《かみ》市、二〇一七年七月～）などがある。「宮崎交通&ヤマト運輸&日本郵便」（宮崎県児湯《こゆ》郡西米良《にしめら》村、二〇一八年二月～）のような三社が連携するかたちでのプロジェクトもスタートしている。さらに今年、関東エリアでは「国際興業&ヤマト運輸」（埼玉県飯能市、二〇二〇年二月～）が立ち上がった。
②の高速バスの活用は、地方発の直行バスで大都市圏に農産品などを供給するモデルが多い。貨物は高速バスのトランク室に積む。これまでトラック一台分に満たない小ロット貨物などの輸送には宅配便や路線便が活用されてきたが、これを高速バスでの

ヤマト運輸と国際興業は2020年２月に埼玉県飯能市で貨客混載事業をスタートした（出典：ヤマトホールディングスホームページ）

直接輸送に切り替えることで、貸し切り便並みの供給リードタイムを実現できる。さらに、人と貨物の〝共同配送〟となるため、運賃負担も低く抑えられる。

「JA全農やまなし&富士急行」（山梨→東京、二〇一八年八月〜）では、山梨県産のぶどうや採れたての野菜を高速バスで二〜三時間で運び、終着地である「バスタ新宿」（バスターミナル）に隣接する新宿高島屋の特設会場などで販売している。

「伊予鉄バス」（愛媛→東京、二〇一九年十一月〜）は、平日に週二回運行している八幡浜《やわたはま》市〜新宿間の高速バスの空きスペースを活用し、柑橘や水産加工品を約一四時間で輸送する。「バスタ新宿」に到着した特産品はその後、都内の飲食店や直売所などに供給される仕組みだ。ちなみに、このプロジェクトは高速バスによる貨客混載の取り組みとして全国初となる総合効率化計画の認定を受けた。

日本国内の高速バスの運行数は一日当たり約一万四〇〇〇便（二〇一七年）に上る。このうち、例えば、最大の消費地である都内では「バスタ新宿」で約一五〇〇便、「東京駅高速バスターミナル」で約一二〇〇便の発着があるという。各高速バスのトランク室にどれだけの余力が残っているのかはわからないが、空きスペースや運行ダイヤをうまく活用すれば、トラック輸送よりもコスト面やスピード面で競争力のあるサプライチェーンを構築できる可能性もありそうだ。

翌日や翌々日の配達が基本である宅配便サービスでは、鮮度や美味しさを維持できない商品もある。トラックによる直送で短納期化を図りたいが、一台を仕立てるほどのロットにはならない。農産物や水産物は売価が安く、そもそも物流費の負担力が小さい。そんな制約もあって、これまで大都市圏の店頭に並ぶことのなかった地域の特産品にとって、貨客混載という規制緩和は、商圏の拡大につながっている。

フードデリバリーを始めたタクシー

タクシーには「貨客混載」だけではなく、二〇二〇年四月からは新たに「貨物のみの輸送」も認められた。新型コロナの感染拡大に伴う「外出自粛」で、自宅等に食料品や飲料を運んでもらいたいというニーズが増加。その配達の担い手としてタクシーのドライバーたちに白羽の矢が立った。

「貨物のみの輸送」は国土交通省がコロナ禍での特例措置として期間限定で認めたもので、タクシー事業者は、例えば飲食店などで作られた料理を一般消費者宅まで有償で運べるようになった。この規制緩和を受けて、早速、タクシー大手の日本交通は、高級ステーキレ

新型コロナに伴う規制緩和でフードデリバリーサービスを手掛けるタクシー会社が相次いでいる（出典：日本交通ホームページ）

ストランの「ウルフギャング・ステーキハウス」などと提携し、東京二三区内などを対象にしたフードデリバリーサービスをスタートした。

先行するフードデリバリーサービスでは、商品価格に対する一定の割合で配達手数料が設定されているケースが多い。そのため、一回当たりの購入価格が高額になるほど手数料負担が大きくなってしまうことがあった。

これに対して、タクシーによるフードデリバリーは、原則として移動の距離や時間を基準に運賃（＝配達手数料）が決まるため、購入価格が高額になっても、利用者は一定のコスト負担で済むというメリットがある。

特例措置を講じた国交省は、タクシーが食料品や飲料を運ぶ際の〝オペレーション〟上のルールを定めている。まず、食料品や飲料を積む場所は、原則としてトランク内に限定。ただし、食品衛生上、座席スペースに積載することが適している場合には、座席スペースの活用も可能にした。しかし、その場合には、冷房の使用や直射日光の遮断、保冷ボックスの使用などによる温度管理の徹底を求めている。また、タクシーに積載できる荷物は、乗車定員数に二〇を乗じた重量を上限としている。例えば、定員が四人であれば、八〇キログラムまでとなる。

もっとも、今回の特例措置では、フードデリバリーに焦点を当てているため、過疎地で展開されているような貨物と旅客を同時に運ぶ「貨客混載」は認められていない。

コロナで大打撃を受けたタクシードライバー

国交省が規制緩和に踏み切ったのは、政府の緊急事態宣言に伴う外出自粛要請などの影響で、旅客需要が大きく落ち込んだタクシー業界を救済する意味合いがある。訪日観光客やビジネスマンの利用減が響き、タクシー会社は売り上げが激減している。そのため、国交省では、新型コロナが終息し、再び旅客需要が回復するまでの間、タクシー会社にとってフードデリバリーが新たな収入源の一つになることを期待する。

新型コロナ以降、タクシー会社の経営は悪化の一途を辿っている。体力のない中小零細の事業者を中心に、従業員の大量解雇や廃業、倒産が相次ぐ。会社のみならず、ハンドルを握るドライバーたちへの影響も甚大だ。売り上げの激減に伴い、ドライバーたちは給与の大幅な減少を余儀なくされているのが実情だ。

タクシードライバーの給与体系は、完全歩合制だったり、歩合給の割合が大きかったりするケースが多い。そのため、「三月の手取りは一二万円で、四月は八万円まで落ち込んだ。コロナ前に比べ三分の一から五分の一程度。とても生活ができない。少ない蓄えを切り崩しながら、何とか生き延びている感じ」（千葉県内の中堅タクシー会社に勤務する六〇代運転手）だという。

タクシー業界にとって痛手だったのは、新型コロナの国内感染が確認され始めて間もない二〇二〇年二月に発覚した東京での「屋形船クラスター」による感染者に個人タクシーの運転手が含まれていたことだった。それによって、「タクシー運転手は危ない」という間違った認識やイメージが広まって、乗車が回避されるようになり、売り上げが減少していった。さらに四月以降は、政府や地方自治体から発令された外出自粛要請が追い打ちを掛けた。

五月末に緊急事態宣言が解除され、客足は少しずつ戻りつつある。しかし、これまでタクシーの利用頻度が高かった、居酒屋などの外食店や接待を伴う飲食店の利用客、医療機関と自宅を行き来する高齢者といった常連客たちの乗車ニーズは、低調なままの状態が続いている。

先行きが不透明な中、フードデリバリーサービスは本業での減収分を補うだけのインパクトをもたらすのだろうか。都内の繁華街エリアを担当する四〇代のタクシードライバーは、その効果に懐疑的な声を寄せる。

「ウーバーイーツの自転車をよく見かけるようになったので、出前のニーズが増えているのは確かなのだろう。ただ、タクシーを使ってまで、料理を運んでもらいたい人がどれだけいるのか。配達料、つまり運賃だって決して安くはない。自宅で優雅にパーティーを開くような〝セレブ〟にしか需要はないと思う」

割高とされる配達料の一部を補助することで、タクシーによるフードデリバリーの利用促進を図っている地方自治体もある。二〇二〇年五月に「まえばしＦＯＯＤタクシー事業」をスタートした群馬県前橋市では、一律一五〇〇円に設定（一回当たり二〇〇〇円以上の注文が条件）している配達料のうち、九〇〇円を市で負担している。

前橋市では、この補助事業を通じて、新型コロナの影響で収入減に見舞われている市内の飲食店やタクシー会社を支援するとともに、市民の不要不急の外出を抑制し、新規の感染や感染拡大の防止につなげたいとしている。

現在、こうした地方自治体、飲食店、タクシー会社の三者が連携するかたちのフードデリバリーサービスは、全国各地に広がっている。さらに、これまでは配達に自転車やバイク、軽バンなどを使ってきた「ウーバーイーツ」や「出前館」といったフードデリバリー専業者が、新たな輸送手段としてタクシーを活用し始めるなど、取り組みの輪は拡大する一方だ。

期間限定とされたタクシーに対する特例措置は、新型コロナに終息の兆しが見られないことや、それに伴いフードデリバリーの需要も旺盛な状況が続いていることなどを背景に、二〇二〇年四月以降、小刻みに期間延長を繰り返してきた。そして、国交省は二〇二〇年九月、今回の特例措置を向こう二年間延長することを決めた。

第十一章　トラックドライバーはもう要らない？

諦めムード漂うドライバー人材確保

総務省の「労働力調査」によれば、トラック運送事業に従事する就業者数は全体で約一九六万人（二〇一九年）。このうちドライバー職（輸送・機械運転従事者）に就いているのは約八七万人（同）で、その数はこの一〇年間、横ばいもしくは微増で推移している。

統計データを見るかぎり、ドライバーの数は決して減少しているわけではない。にもかかわらず、業界としてドライバー不足に危機感を強めているのは、高齢化の進展が加速する一方で、将来の活躍が期待される若年層の確保が思うように進んでいないためだ。

実際、トラックドライバーの年齢別構成比は、四〇歳未満が全体の二七％であるのに対し、五〇歳以上が四二・八%を占めており（二〇一九年）、高齢ドライバーへの依存度が高い。

若年ドライバーの雇用拡大に向けた「準中型自動車免許」制度は二〇一七年にスタートした（詳細は第一章）。これを受けて、業界団体である全日本トラック協会では、同免許の取得費用の一部を負担する助成事業を開始し、トラックドライバーの若返りを進めようとしている。

しかし、そもそもいまの若者は自動車の運転そのものや、運転に必要な免許を取得することへの関心が低い。そのため、「準中型免許の新設や免許取得費用の助成といった取り組みは、それほど効果が期待できないのではないか」（トラック運送業界の関係者）といった声もある。

トラックドライバー職が魅力のある仕事であれば、若者たちを呼び込めるかもしれない。ところが、これも繰り返しになるが、トラックドライバーの賃金水準は全産業平均よりも一～二割程度低い。そのうえ労働時間は他産業よりも長い。

もっとも、ここ数年は人手不足を背景に運賃の値上げに成功し、それを原資にした賃金の上昇も見られた。ただし、新型コロナ以降、荷動きの低迷でトラック運送会社の収益は悪化。業績の大幅な落ち込みを受けて、今後は運送コスト全体の約四割を占める人件費（ドライバーの賃金）にメスが入る可能性も否定できない。そうなれば、トラックドライバーはますます集まりにくくなるだろう。

政府や経済界、業界団体は、新たな輸送の担い手として外国人労働者や女性の活用を模索している。このうち外国人ドライバーは実現に漕ぎ着けるまでに乗り越えなければならないハードルが多い。第八章で触れた通り、日本で働く外国人がトラックのハンドルを握るようになる日はまだ先だろうし、そもそも政治的判断から就業そのものが認められない（緩和されない）可能性もある。現状の期待値はとても低いと言えるだろう。

女性の活用も〝ノロノロ運転〟の状態が続いている。国土交通省は二〇一四年に「トラガール推進プロジェクト」を立ち上げ、専用サイトでの情報発信などを通じて女性労働者にトラックドライバーへの就業を促しているが、大きな成果を上げるまでには至っていない。実際、同プロジェクトがスタートして以降も、国内の女性トラックドライバーの数は二万人台で低迷している。

自動運転トラックで長距離輸送

そうした中、近年は「ドライバー不足の問題」を最新のテクノロジーで解決していこうとする試みが活発になっている。そのうちの一つがトラックの自動運転だ。すでに乗用車分野での実用化が先行する自動運転技術をトラックにも展開していくことで、ドライバー要らずの貨物輸送を実現しようとしている。

トラックの自動運転には、街中を走行する集配用車両（小型トラックやバン型車など）と、東京〜大阪間など長距離の幹線輸送を担う大型トラックを対象にした取り組みがある。とりわけ注目度が高いのは後者のほうで、現在、国交省や経済産業省、自動車メーカーやトラック運送会社らが一体となって、実用化に向けた実証実験などを進めている。

二〇一七年にスタートした「高速道路上でのトラック隊列走行」実験は、複数台のトラックを高速道路上で一定の車間距離や車線を維持しながら、隊列を組んだ状態で自動走行させるというものだ。二〇一八年一月には、新東名高速道路などで国内初の公道での走行実験が実施された。

自動運転・自動走行といってもドライバーをまったく必要としないわけではない。トラックが完全に無人で走行できるようになるのはまだ先の話だ。トラックの隊列走行は今後、①先頭車両ドライバー有人&後続車両ドライバー有人（＝全車両有人）、②先頭車両ドライバー有人&後続車両ドライバー無人、③全車両ドライバー無人――というステップを踏んで進展していくことが想定される。

自動運転トラックでの隊列走行は、実用化を目指した実証実験や技術連携の取り組みが加速している（©朝日新聞社）

自動運転技術を活用したトラックの隊列走行には様々なメリットがある。例えば、先進の安全技術と通信技術を活用したシステムがドライバーの運転をサポートし、ハンドル等の操作ミスを防ぐため、事故が減少する。また、システムが隊列を組んだ各トラックの加減速を制御するため、省エネ走行が可能になる。前を走るトラックの存在で後続トラックの空気抵抗が減り、燃費が改善される。さらに、登り坂などでの減速が原因とされる渋滞の発生も回避できるという。

そして何よりも、ドライバー不足問題に与えるインパクトは絶大だ。トラック隊列走行の最終段階である

「全車両ドライバー無人化」が実現されれば、文字通り、ドライバーは要らなくなるし、その手前段階の「先頭車両ドライバー有人&後続車両ドライバー無人」であっても、ドライバーの必要数を大幅に減らすことができるからだ。

政府は、自動運転トラックによる隊列走行について、後続車有人システムを二〇二一年までに、後続車無人システム（東京～大阪間）を二〇二二年以降に商業化するという目標を掲げている。それに向けて、今後は新東名高速道路や新名神高速道路の六車線化、隊列の形成や分離を行うスペースを整備するためのサービスエリアやパーキングエリアの拡幅など、道路インフラの整備にも着手していく方針だ。

一方、自動車メーカーは隊列走行に対応できるトラックの開発を急いでいる。日野自動車、いすゞ自動車、三菱ふそうトラック・バス、UDトラックスの国内トラックメーカー四社は二〇二〇年七月、四社の協調技術を搭載した隊列走行用大型トラックの商品化に向けた取り組みをさらに加速していく、と発表した。

隊列走行では、異なるトラック運送会社の異なるブランド（メーカー）の車両が列を組むことも想定しておく必要がある。バラバラの仕様でトラックを開発すると、隊列での走行に支障を来す恐れがあるため、メーカー四社はこれまで、協調技術の開発や車両情報の標準化などを進めてきた。今後は、定速走行・車間距離制御装置（ACC）に車線維持支援装置（LKA）を組み合わせた技術をベースに、隊列走行に対応できる大型トラックを共同で商品化していくことで、政府目標である「後続車有人システムの二〇二一年までの商業化」の実現を目指すという。

「ダブル連結トラック」で一度に運ぶ量を増やす

長距離輸送の分野では、「ダブル連結トラック」を導入することで、ドライバー不足を解消する試みも始まった。「ダブル連結トラック」とは、全長が二一〜二五メートルに達するフルトレーラーで、一度に大型トラック二台分の荷物を運ぶことができる。

国交省は二〇一六年、道路走行の安全性などを確認するための実証実験をスタート。その後、特殊車両通行の許可基準が緩和されたのを受けて、ヤマト運輸、西濃運輸、福山通運、日本梱包運輸倉庫といった大手の路線便会社が二〇一九年から「ダブル連結トラック」の本格導入に踏み切っている。

「ダブル連結トラック」を活用すると、本来二人必要だった大型ドライバーが一人で済むようになる。運用が認められるようになったことは、トラック運送会社にとって、高齢化の進展や運転免許の関係で、大型トラックのハンドルを握れるドライバーの確保が困難になりつつあるだけに、人材面はもちろん、輸送効率化の観点からも経営に与えるプラスの影響は大きい。

「ダブル連結トラック」を運転できるのは、大型免許および牽引免許をそれぞれ五年以上保有し、直近五年以上大型車の運転業務に従事してきたドライバーだ。二時間以上の運転訓練も受講しなければならない。

ただし、特例措置として、優良なドライバー（一二時間の訓練を受講かつ直近三年無事故・無違反）は、大型免許を三年以上、牽引免許を一年以上保有し、大型車の運転業務に直近三年以上従事していれば、「ダブル連結トラック」のハンドルを握ることができる。

国土交通省では当初、「ダブル連結トラック」の通行対象区間を新東名高速道路の一部区間（海老名ジャンクション〜豊田東ジャンクション）に限定していた。しかし、二〇一九年八月には、東北自動車道（北上江釣子《きたかみえづりこ》インターチェンジまで）、圏央道、東名高速道路、名神高速道路・新名神高速道路、山陽自動車道、九州自動車道（太宰府インターチェンジまで）での通行も可能にすることで、東北から九州までを一本に結んだ。

さらに、通行区間内のサービスエリアやパーキングエリアには「ダブル連結トラック」

が優先的に駐車できるスペースを確保した。国交省では使い勝手のいいインフラを整備していくことで、「ダブル連結トラック」の普及促進を後押ししている。

このように日本ではようやく「ダブル連結トラック」がスタートしたばかりであるのに対し、すでに米国、カナダ、オーストラリアなどでは荷台部分（トレーラー）を三〜四台連結（牽引）したトラックが走行している。このうちオーストラリアで稼働している「ロードトレイン」は、荷台を四台連結したときの車両総重量が一三〇トン、車両長が五三・五メートルに達するという。

大型トラック２台分の荷物を運べる「ダブル連結トラック」は、長距離輸送ドライバー人材不足の解消につながる（出典：ヤマトホールディングスホームページ）

国土が狭く、道路事情も異なる日本では、連結を多重化していくことには限界がありそうだが、もし海外のようなオペレーションを展開できるようになれば、長距離輸送を担う大型ドライバーの必要数は大きく減っていくだろう。

空飛ぶ配達員「物流ドローン」

一方、末端の配送拠点〜消費者宅・オフィス間のラストワンマイル領域では、ドライバー不足の解決策として「物流ドローン」の活躍が期待されている。遠隔操作や自律制御で飛行する小型無人機「ドローン」に荷物の搭載機能が加わった「物流ドローン」は、自ら空中を飛んで目的地まで荷物を運ぶため、トラックはもちろん、ドライバーも必要としないからだ。

日本では二〇一五年から「物流ドローン」の実用化に向けた取り組みが本格化した。当時の安倍晋三首相から「早ければ三年以内にドローンを使った荷物配送を可能とすることを目指す」という方針が示されるとともに、官民による協議会が発足。二〇一七年には「空の産業革命に向けたロードマップ」が取りまとめられ、その中で二〇一九年度中には「離島や山間部等での物流ドローンによる荷物配送」を、二〇二〇年度以降には「都市を含む地域での物流ドローンによる荷物配送」を実現するという目標が掲げられた。

ドローンには、飛行形態に応じて、①目視内での操縦飛行（レベル1）、②目視内での操縦なし飛行（レベル2）、③無人帯での目視外飛行（レベル3）、④有人帯での目視外飛行（レベル4）――といった飛行レベルが設定されている。ロードマップにある「離島や山間部等～」はレベル3に、「都市を含む地域～」はレベル4に相当する。

政府の方針を受けて、「物流ドローン」を実際に飛ばして目的地まで荷物を運ぶ実証実験が全国各地で展開されるようになった。先行したのは、離島や山間部、過疎地などトラックでの輸配送がもともと非効率なエリアを対象にした実験（レベル3）だった。

こうした地域では、トラックは複雑な経路を辿って目的地にアクセスしなければならないケースが多い。それに対して、空中を飛行する「物流ドローン」は目的地まで一直線に到達できる。実験では主に輸送時間の短縮など「物流ドローン」への切り替え効果が検証された。

日本郵便が福島県相馬《そうま》市の小高郵便局～双葉郡浪江《なみえ》町の浪江郵便局との間（約九キロメートル）で展開した実験では、従来トラックで二五分掛かっていた同郵便局間の輸送が「物流ドローン」で一五分に短縮できた。ANAホールディングス（全日本空輸）が福岡市西区の唐泊《からとまり》港～玄界島間（約五キロメートル）で行った実験でも、船舶による輸送を「物流ドローン」に切り替えたところ、輸送時間は大幅に減った。また、楽天が埼玉県秩父市の山間部で実施した実験でも同様の結果を得られたという。

レベル4に相当する「都市部での実験」もいよいよスタートする。

二〇二〇年八月、日本航空、KDDI、東日本旅客鉄道(JR東日本)、ウェザーニュース、Terra Droneの五社は、東京湾岸エリアでドローンを活用した医薬品配送やフードデリバリーの実証実験を実施する、と発表した。実験は二〇二一年度中に行い、運用面での課題や収益性などを検討し、将来の実用化の可能性を探っていく計画だ。

この実証実験は、東京都が公募した「ドローンを活用した物流サービス等のビジネスモデル構築に関するプロジェクト」に対し、五社が「東京都におけるドローン物流プラットフォーム社会実装~ドローンを活用したまちづくり~」を提案し、採択されたものだ。

プロジェクトの実施期間は二〇二〇年八月から二〇二二年三月まで。対象エリアは都内湾岸および都心の駅周辺を想定している。薬局や病院などへの医薬品供給や、駅周辺の飲食店から近隣のオフィスビルやマンションなどへのフードデリバリーにドローンを活用できるかどうかを検証していくという。

「物流ドローン」は離陸できるのか

このように官民が一体となって実証実験が繰り広げられている「物流ドローン」だが、

実用化に向けてクリアすべき課題は山積している。

そのうちの一つは積載重量の問題だ。一般的な「物流ドローン」が一度に運べる重量は一〇キログラム程度であるため、運べるアイテム（荷物）が限定されてしまう。ドローンを大型化すれば、積載重量を引き上げることは可能だが、そうするとドローン本体の価格が上がる。離発着するためのスペース（ドローンポート）もより広く確保しなければならない。

運航距離にも課題がある。現在の主流である電動マルチローター型ドローンは一〇キログラムの荷物を搭載した場合、連続して二〇キロメートルの距離を飛行できない。ラストワンマイル（約一・六キロメートル）領域での飛行であれば、スペックとして問題はないという指摘もあるが、連続使用など運用面を考えると、機体の軽量化やバッテリー容量の引き上げ、高出力エンジンの採用といった技術改良は不可欠だ。

飛行の安全性確保も重要なテーマだ。機体そのものや、搭載した荷物の落下を防ぐことはもちろん、降雨や降雪、強風時といった悪天候下でも安定して飛行できる機体が求められる。将来、大量の「物流ドローン」が空中を飛び交うことを想定するなら、飛行中のドローン同士の衝突や接触を回避するための制御システムの開発も必要だ。

法整備も欠かせない。そもそも「物流ドローン」を飛ばすには、航空法をはじめ道路交通法や電波法など様々な法的ルールを遵守しなければならない。ただし、そうした各種規制の中には、実用化に向けたハードルになっているものも少なくない。そのため、今後は国民生活の安全を担保することを大前提としたうえでの規制緩和や新法の制定が求められるようになるだろう。

商用サービスが視野に入った米国

こうして日本が「物流ドローン」の実用化に向けた歩みを着実に進めている一方で、海外ではまもなく商用サービスがスタートしようとしている。

グーグルの親会社であるアルファベット社傘下のウイング社は、最高時速一一三キロで飛行する軽量型「物流ドローン」を開発した。同社は国際宅配便大手のフェデックスや大手薬局チェーンのウォルグリーンと組み、この「物流ドローン」を使った医薬品の配送サービスを始める。二〇一九年四月には米国連邦航空局からドローンを飛行させるための認可を受けた。

三社は米国バージニア州クリスチャンバーグでテスト運用を実施。同エリアの住人が専用アプリなどを通じて注文した商品（医薬品や加工食品など約一〇〇アイテムが対象）を、ウォルグリーンなどの店舗から「物流ドローン」を使って配達する。「物流ドローン」は目的地である購入者宅の上空に到着すると、機体からワイヤーを降ろして商品を庭などに置く。その後、「物流ドローン」は自動飛行で店舗に帰還していく仕組みだ。

米国のドラッグストアチェーン「ウォルグリーン」は、物流ドローンを活用した医薬品の配送サービスをスタートする（出典：米ウォルグリーンホームページ）

ネット通販世界最大手アマゾンの「物流ドローン」もまもなく離陸しようとしている。同社は二〇二〇年八月に米国連邦航空局の認可を取得した。早ければこの先数カ月以内に米国でのテスト運用に踏み切る計画だ。

二〇一三年に構想を発表して以降、「物流ドローン」の開発で常に先頭集団を走ってきたアマゾンはこれまで、英国を中心に世界各地で実証実験を展開。テスト飛行や技術検証、ドローンの改良などに取り組んできた。

同社が「物流ドローン」を使った商品配達サービス

「Ｐｒｉｍｅ Ａｉｒ（プライム・エア）」を通じて実現しようとしているのは、自動操縦で飛行する「物流ドローン」が注文を受けてから三〇分以内に購入者宅に商品（二キログラム以内）を届けることだという。

国土の広い米国はラストワンマイル物流の生産性が低い。住宅が密集している日本とは異なり、届け先の住宅と住宅の距離が離れているからだ。そのため、空中を飛行して目的地にダイレクトにアクセスできる「物流ドローン」は、配達業務を効率化する手段として期待されている。

先行する米国での事例を見るかぎり、日本においても「物流ドローン」が重用されるのは、離島や山間部、過疎地といった配達効率が悪いエリアになりそうだ。交通弱者であるそうした地域の住民や医療機関などに生活物資や緊急性の高い医薬品を供給するために「物流ドローン」を活用するシーンが想定される。

自動運転で「宅急便」を届ける「ロボネコヤマト」

ラストワンマイルの領域では、陸上での〝ドライバー要らず〟も模索している。ヤマト運輸は二〇一七年からディー・エヌ・エー（ＤｅＮＡ）と組んで、自動運転車両で「宅急便」を配達する「ロボネコヤマト」プロジェクトを展開した。

宅配便のドライバーは、トラックなど車両の運転と、発送人から荷物を受け取ったり、荷受人に荷物を手渡したりする業務を担う。同プロジェクトが焦点を当てているのは、この二つの業務を自動化することだ。車両は集荷や配達の目的地まで自動運転で移動し、そこで発送人や荷受人が自ら荷台部分で荷物を出し入れする。それによってドライバーを介さずに集配を行う仕組みを構築しようというものだ。

「ロボネコデリバリー」は自動運転で自宅前に到着した車両から受取人が自ら荷物を取り出すことで、「ドライバー要らず」を実現する（©朝日新聞社）

「ロボネコヤマト」では、欲しいときに欲しい場所で「宅急便」を受け取ることができる「ロボネコデリバリー」サービスを提供する。このサービスはまず、荷受人がスマートフォンを使って「宅急便」の受け取り場所や希望する配達時間帯（一〇分刻みでの設定が可能）を指定。配達車両が到着する三分前にはメール等で事前通知を受け取る。指定場所に車両が到着すると、荷受人は車両に装備されているリーダー（読み取り機）に、スマホに表示された二次元バーコードをかざした後、荷台部分にある宅配ボックスから荷物を取り出す、という流れになっている。

両社は二〇一七年四月から約一年間、神奈川県藤沢市で「ロボネコデリバリー」の実証実験を実施した。実験後に行ったアンケート調査では、サービスを利用したユーザーの九九％が「今後も利用したい」と回答したという。その理由として最も多かったのは、「一〇分単位のピンポイントで好きな時間に受け取れる」（九八・四％）で、次いで「好きな場所で受け取れる」（五五・六％）だった（複数回答方式）。

実験期間中の「ロボネコデリバリー」による配達件数は一日当たり二〇～五〇件で、リピート利用率は四七・三％に達した。一般的に宅配便の配達不在率は全体の二〇～三〇％とされているのに対し、「ロボネコデリバリー」の配達不在率はわずか〇・五三％だった。驚異的な数値を記録したのは、配達指定時間帯が一〇分刻みだったり、車両の到着を事前に知らせる通知機能を提供したことが奏功したようだ。

「ロボネコデリバリー」の実証実験では原則として配達車両はドライバーが運転した。走行の安全性を確保するためだ。ただし、配送ルートはAIを活用して設定し、それに従って走行しているため、ドライバーの経験や勘には依存していないという。

その一方で、運転席に誰も座らない、いわゆる「ドライバーレス」状態での自動運転も試行した。二〇一八年四月に報道陣に公開された走行実験では、ヤマトの営業所を出発した配達車両がドライバーのハンドル操作なしで、公道を約六キロメートル走行。その後、一般車両を通行止めにした住宅街の道路では配送車両が「ドライバーレス」状態で走行する様子が披露された。走行距離が短いうえに走行速度も抑制されているが、完全無人運転での「宅急便」の配達はひとまず成功を収めた。

両社は、同プロジェクトの最終ゴールに位置づけている人手（＝ドライバー）をまったく介さない「ロボネコデリバリー」の実用化を目指し、今後も技術開発や検証を進めていく方針だ。

自走式ロボットが荷物を配達する

さらに、ラストワンマイルの領域では、人に代わって荷物を届ける自走式配達ロボットの開発・導入も進んでいる。自走式配達ロボットは、ロボットといっても二足歩行するロボットではなく、車輪のついたカート型で、ボックス内部に荷物を入れて目的地まで自動走行する。

配達ロボットの開発・導入は海外が先行する。その先頭集団を走る企業として知られて

米スターシップ・テクノロジーズが開発した自走式配達ロボットは、大学キャンパス内でのフードデリバリーサービスを提供している（出典：米スターシップ・テクノロジーズホームページ）

いるのが、米国に本社を置くスターシップ・テクノロジーズ社だ。スカイプの共同創業者であるアーティ・ヘインラ氏とヤヌス・フリス氏によって二〇一四年に設立された。

同社が開発した「スターシップ・ロボット」は、全長約六〇センチの箱型六輪車だ。荷物は一八キログラムまで搭載できる。配達範囲は半径五キロメートル圏内。ロボットはセンサーやカメラ、レーダーで周囲の状況を把握しながら、時速四マイル（約六キロメートル）で目的地まで自動走行する。信号や横断歩道も認識できる。ロボットが到着すると、荷受人はスマートフォン経由で通知されたパスコードなどを入力し、ロボット上部の蓋をあけて、荷物を取り出す。

同社は二〇一六年に英国やドイツ、スイスのスーパーマーケットなどで「スターシップ・ロボット」の実証実験をスタート。英国では二〇一八年に「スターシップ・ロボット」がネットで購入された生鮮品などを配送センターから購入者宅まで運ぶ商用サービスを開始した。

米国では大学構内でのフードデリバリーサービスに乗り出している。「スターシップ・ロボット」がキャンパス内や近隣にある飲食店から供給されるコーヒーやピザといった食料品を、学生や教職員たちに配達する。配達料は一回当たり一・九九ドル。広大なキャンパス内を延々と歩いてフードコートまで行かなくても、自分の好きな場所で料理を受け取れるようになった。ユーザーたちの同サービスに対する満足度は高く、注文数は日を追うごとに伸びている。こうした実績を踏まえて、同社では二〇二一年までに全米の大学一〇〇カ所で同様のサービスを展開する計画だという。

新型コロナで急がれる公道走行

現在、自走式配達ロボットの活躍の場は、大学のキャンパス内や商業施設内など〝敷地内〟にとどまっている。通行人の安全性を確保するといった観点から、多くの国や地域で自走式配達ロボットの公道での走行が法的に認められていないケースが多いからだ。

しかし、ここにきて、規制は緩和される方向に転じている。新型コロナへの感染を防ぐために荷物を非対面・非接触で受け取るニーズが高まっており、その担い手として自走式配達ロボットの普及が期待されているためだ。

実際、日本では、二〇二〇年五月に開かれた政府の未来投資会議で、安倍晋三首相（当時）が「（新型コロナに伴う）宅配需要の急増に対し、人手を介さない配送ニーズが高まる中、低速・小型の自動配送ロボットについて、遠隔監視・操作の公道走行実証を年内、可能なかぎり早期に実施する」と表明した。これを受けて、公道での運用を視野に入れた取り組みが動き出した。

二〇一七年に自走式配達ロボット「ＤｅｌｉＲｏ（デリロ）」を開発した日本企業のＺＭＰはこれまで、慶應義塾大学の湘南藤沢キャンパス内や、東京・高輪ゲートウェイ駅前のイベントスペースなど、〝敷地内〟で実証実験を実施してきた。長さ約九六センチ、幅約六六センチ、高さ約一〇九センチの箱型四輪車で、最大積載量は五〇キログラム、時速六キロで走行する「デリロ」が、キャンパス内で学生たちにコンビニ商品を運んだり、イベント会場内にランチで訪れたビジネスマンに蕎麦をデリバリーしたりする運用実験を展開。実用化に向けた技術検証を積み重ねてきた。

しかし、今後は政府の方針を受けて公道での実験に軸足を移していく計画だ。同社は二〇二〇年八月、高層マンションが立ち並ぶ東京・中央区の佃エリアで公道走行実験を行うことを発表した。実験では、コンビニや食品スーパーといった店舗で購入された商品を、「デリロ」が同エリアに住むマンションの住人まで届ける。

日本郵便は二〇二〇年十月、国内初となる公道での走行実験を東京都内で実施した。配達ロボットに採用されたデリロが荷物を積んで東京逓信《ていしん》病院〜麹町郵便局間の数百メートルを走行する試みだ。実験は保安員がデリロと並走する「近接監視・操作型」で行われたが、今後は並走者を伴わない「遠隔監視・操作型」でも実施し、将来の実用化に向けた課題抽出などに取り組む。

日本郵便は2020年10月、国内初となる自走式配達ロボットの公道での走行実験を東京都内で実施した（©朝日新聞社）

ソフトバンクと佐川急便も二〇二〇年九月以降に、共同で自走式配達ロボットを活用した配送サービスの実証実験を実施する。国立研究開発法人新エネルギー・産業技術総合開発機構（ＮＥＤＯ）が公募する「自動走行ロボットを活用した新たな配送サービス実現に向けた技術開発事業」で事業実施者に選定された両社は、東急不動産やアスクル、ＭａｇｉｃａｌＭｏｖｅといった協力企業と連携しながら、東京・竹芝エリアで実証実験を展開する。

実験では屋外と室内の二つの配送シーンを想定している。屋外を対象にした配送実験では、自走式配達ロボットと信号機の連携システムを開発し、ロボットが信号機の表示に従って交差点を横断したり、竹芝エリアの公道を安全に走行しながら荷物を配送できるかどうかを確認する。走行時の荷物の温度変化や段差などによる衝撃についても検証する計画だ。

一方、室内での配送実験では、「東京ポートシティ竹芝オフィスタワー」に自走式配達ロボットと館内エレベーターの連携システムを導入。ロボットがエレベーターに乗降して異なるフロアへ荷物を配送できるかを確認する。オフィスビル・商業施設でのロボット自動配送の有効性などを検証していく。

自走式配達ロボットの公道での運用は、新型コロナに背中を押された格好で急ピッチで始まろうとしている。今後、国内各地で展開される実験の結果、走行の安全性に問題がないことや、配達業務の生産性やユーザーの利便性の向上に一定の効果が期待できることが確認されれば、近い将来、宅配便のドライバーに代わって、自走式配達ロボットが街中を縦横無尽に走り回る光景が見られる日が訪れるかもしれない。

あとがき　20年前のトラック同乗ルポ

物流専門紙「輸送経済」には、入社間もない新米記者に「トラックの同乗ルポ」を書かせるという伝統があった。これから取材の対象となる物流業界の最前線を肌で感じてこい、という主旨だったのだろう。九七年春に入社した私にも当然、その命は下り、路線便A社が運行する東京〜大阪間の長距離大型トラックに同乗させてもらうことになった。

日中に通常業務をこなして、夕方すぎに同社の東京支店を訪問。支店内でドライバーさんたちの乗務前点呼などの様子を取材した後、トラックに乗り込んだ。支店を出発したのは午後九時頃だった。

東名高速をひたすら走って、途中のサービスエリアで何度か休憩を取る。そして再び走り出す。仕事の内容は普段と変わらないのだろうが、助手席には駆け出しの記者が座っていて、運転中に〝素人感〟丸出しの質問を次々とぶつけてきたり、カメラのシャッターを切ったりしている。ドライバーさんにとっては、いつもより何倍も疲れる乗務だったはずだ。滋賀県に差し掛かったあたりで、急に口数が少なくなったので横を向いてみると、新米くんは船を漕ぎ始めているし……。

翌朝の午前六時前に大阪の支店に到着して、同乗取材は無事に終わった。その後、僧侶の見習いになった大学同期の修行先である京都の寺に一泊し、新幹線で東京に戻ってから、すぐに記事の執筆に取り掛かった。

署名入りの記事は確か翌週の紙面に載った。二〇年以上前の話なので、正直なところ、記事の内容はほとんど記憶にない。ただ、生意気にも「初めてのルポにしてはよく書けたな」と自画自賛していたことだけは覚えている。

ところが、この記事には問題があった。

新聞が発行された当日だったか、翌日だったかの夕方に、取材先から社に戻ると、編集部内に不穏な空気が流れていた。すぐに編集長に呼ばれる。机の前に立たされる。編集長は私の書いた同乗ルポが載った新聞を手にしている。記事には、ある箇所に赤線が引かれていた。何か大きなミスを犯してしまったことが瞬時にわかった。

「ここなんだけどさー」と編集長が指差した赤線部分には、「速度メーターは常に九〇キロで一定だ」と書かれていた。そう言われても、私は何が間違っているのか、さっぱり理解できなかった。

「本当に九〇キロだったか?」と編集長。「はい。九〇キロでした」と駆け出し記者。「であれば問題はない」と編集長。頭の中が「?・?・?」な駆け出し記者。そんなやり取りをした後、編集長が詳しい事情を説明してくれた。

「実はA社からこの記事に対してクレームが入った。『速度メーターは常に九〇キロで一定なはずがない』と。A社ではトラックの高速道路走行での最高速度を八〇キロに設定していて、ドライバーは皆、それを厳守している。だからあり得ない、と。オレは、九〇キロで間違いないか、それを確認したかっただけだ。間違っていなければ、訂正記事は出さない。以上」

そして編集長は最後にこう加えた。

「ただし、A社に限らず、路線便各社は、高速道路での最高速度を八〇キロに設定している。そのことだけは、ちゃんと覚えておくように」

当時の専門紙の新米記者に欠けていたのは〝忖度《そんたく》〟だった。

二〇年以上前に実施した、この同乗ルポに際して、取材の手法などを丁寧に指導してくれたのは、現在フリージャーナリストとして活躍されている横田増生氏だった。アマゾンやユニクロ（ファーストリテイリング）といった大企業に自ら現場スタッフとして潜入し、その知られざる暗部に迫る〝企業に最も嫌われる〟ジャーナリストとして知られる同氏は、「輸送経済」時代の直属の上司で、私の教育係を引き受けてくださった先輩記者の一人である。

本書の第一章で取り上げた「長距離トラック輸送」での同乗取材を命じたのも、実は横田氏だった。二〇一六年十二月に「Ｙａｈｏｏ！ニュース 特集」でネット配信された「誰が荷物を運ぶのか 同乗ルポ 深夜のトラック長距離輸送」という記事がベースとなっている第一章のルポは、当時多忙を極めていた横田氏の〝代打〟として、『小倉昌男 祈りと経営 ヤマト「宅急便の父」が闘っていたもの』（小学館）などの著書で知られるジャーナリストの森健氏や、横田氏から〝打席に立つよう〟命じられた仕事だった。

互いに独立してから何年も経っている。まさか再びトラックへの同乗取材を指示されるとは思わなかった。元上司からの命令は絶対である。ちなみに横田氏は現在、アメリカ大統領選に〝潜入〟しているようだ。

第二章や第六章で取り上げた「軽トラドライバー」への密着取材を勧めてくれたのは、物流専門誌「月刊ロジスティクス・ビジネス」の編集発行人である大矢昌浩氏だ。本書の中身の大部分は、同誌で連載中の「実録 ラストワンマイル」（二〇一九年四月〜）での記事がベースとなっている。私の前職の、これまた上司である同氏からも常に、物流現場の最前線に定期的に身を置いてみることの重要性を指導されている。

かつて大矢氏からは、普段活字になる機会が少ない港湾運送業界への潜入を提案されたことがある。第七章では「海上コンテナ」を扱うトラックに同乗させてもらったが、海コン輸送は所詮、港の〝ゲート前〟にすぎない。同氏には、今回の同乗ルポはいずれ港の〝ゲート内〟に深く切り込んでいくための地ならしだったと捉えてもらおうと思っている。

物流記者としての活動をスタートして以降、これまでに何人のトラックドライバーに話を聞いてきたのだろうか。現役のドライバーはもちろん、トラックからは降りたものの、かつてはハンドルを握っていたというトラック運送会社の管理職や経営層までを含めると、相当な数に達しているに違いない。

長年お世話になってきた業界だからといって、贔屓《ひいき》目で見るわけでも何でもないが、これまでに接してきたドライバーやドライバーOBたちは、心が穏やかで内気な性格の持ち主が多かったという印象がある。

しかし、何がきっかけでそうなったのか、世間ではトラックドライバーに対して〝やんちゃ〟なイメージが浸透している。確かに、髪型や顔つき、服装がイカツく、イメージ通りの雰囲気を醸し出しているドライバーも存在する。しかし、そんなドライバーにかぎって、実際に会って話を聞いてみると、見た目とは正反対だったりしたことも少なくない。

運転席でハンドルを握っているドライバーはどんな性格の人なのか。私は、街中で見かけるトラックがどう動いているか（＝どんな走行をしているのか）で判断してしまっても構わないと思っている。

見た目はスマートでも、思わず顔をしかめてしまいたくなるような乱暴な運転をするドライバーの性格は粗いだろうし、逆に見た目はやんちゃ風でも、安全を第一に考えた優しい運転をするドライバーの性格はきっと穏やかなはずだ。

ドライバーの性格や運転に対する心構えは、ハンドルやアクセル、ブレーキを経由してタイヤ、そして社会に伝わっている。

同乗での取材は、トラックドライバーの仕事と同様、拘束時間がとても長い。その意味で今回、半日や丸一日にわたる運転席での長時間インタビューを快く引き受けてくれたドライバーさんたちには、本当に感謝しています。この場を借りて深く御礼申し上げます。とりわけ、新型コロナ以降の取材では、互いにマスクを着用しているとはいえ、運転席という密な空間の中で、取材という名の長時間の〝濃厚接触〟に応じていただきました。たいへんご迷惑をおかけしました。ありがとうございました。

物流のいまを体感するため、これからも定期的にトラックの助手席にお邪魔させてもらうつもりです。トラックドライバーの皆さん、その際には、何卒ご協力のほど、よろしくお願いいたします。

二〇二〇年十月

刈屋大輔

第七章　書き下ろし

〈第三部〉

第八章　『月刊ロジスティクス・ビジネス』 2020年９月号
実録 ラストワンマイル「外国人ドライバーの門戸は開くか」
『月刊ロジスティクス・ビジネス』 2019年12月号
実録 ラストワンマイル「利用されない宅配ロッカー」
『月刊ロジスティクス・ビジネス』 2020年１月号
実録 ラストワンマイル「再配達問題の切り札『簡易宅配ボックス』」を大幅に加筆・修正

第九章　『月刊ロジスティクス・ビジネス』 2020年10月号
実録 ラストワンマイル「セールスドライバーからギグワーカーへ」
『月刊ロジスティクス・ビジネス』 2020年５月号
実録 ラストワンマイル「『置き配』は新たな基準になるか」を大幅に加筆・修正

第十章　『月刊ロジスティクス・ビジネス』 2020年４月号
実録 ラストワンマイル「人口減で加速する『貨客混載』」を大幅に加筆・修正

第十一章　書き下ろし

あとがき　書き下ろし

〈初出一覧〉

まえがき　書き下ろし

〈第一部〉

第一章　Yahoo!ニュース 特集　2016年12月23日配信
「誰が荷物を運ぶのか 同乗ルポ 深夜のトラック長距離輸送」を大幅に加筆・修正

第二章　『月刊ロジスティクス・ビジネス』 2019年８月号
実録 ラストワンマイル「軽トラ同乗ルポ　一人親方の１日に密着」を大幅に加筆・修正

第三章　『月刊ロジスティクス・ビジネス』 2019年９月号
実録 ラストワンマイル「アマゾンがドライバー引き抜きに動く」を大幅に加筆・修正

〈第二部〉

第四章　『月刊ロジスティクス・ビジネス』 2020年３月号
特集「ヤマト離れ」「宅配ドライバーの働き方は変わったか」を大幅に加筆・修正

第五章　『月刊ロジスティクス・ビジネス』 2020年７月号
特集「コロナと物流」「最前線に立つドライバーの怯えと不安」
『月刊ロジスティクス・ビジネス』 2020年６月号
実録 ラストワンマイル「コロナ危機でBtoCへの鞍替え始まる」を大幅に加筆・修正

第六章　『月刊ロジスティクス・ビジネス』 2020年８月号
実録 ラストワンマイル「早朝・深夜を駆ける女性ドライバー」を大幅に加筆・修正

刈屋大輔　かりや・だいすけ
1973年生まれ。物流ジャーナリスト、青山ロジスティクス総合研究所代表。青山学院大学大学院経営学研究科博士前期課程修了。経営学修士号（MBA）。物流専門紙『輸送経済』記者、『月刊ロジスティクス・ビジネス（LOGI-BIZ）』副編集長などを経て現職。一般社団法人フラワーリボン協会常務理事。著書に『知識ゼロからわかる物流の基本』（ソシム）がある。

朝日新書
792

ルポ　トラックドライバー

2020年11月30日 第1刷発行

著　者　刈屋大輔

発行者　三宮博信

カバーデザイン　アンスガー・フォルマー　田嶋佳子

印刷所　凸版印刷株式会社

発行所　朝日新聞出版
〒104-8011　東京都中央区築地5-3-2
電話　03-5541-8832（編集）
　　　03-5540-7793（販売）

Published in Japan by Asahi Shimbun Publications Inc.
ISBN 978-4-02-295101-4
定価はカバーに表示してあります。

清須会議
秀吉天下取りのスイッチはいつ入ったのか？

渡邊大門

信長亡き後、光秀との戦いに勝利した秀吉がすぐさま天下人の座についたわけではなかった。秀吉はいかにして、織田家の後継者たる信雄、信孝を退け、勝家、家康を凌駕したのか。「清須会議」というターニングポイントを軸に、天下取りまでの道のりを検証する。

パンデミックを生き抜く
中世ペストに学ぶ新型コロナ対策

濱田篤郎

3密回避、隔離で新型コロナのパンデミックを乗り越えようとするのは、実は14世紀ペスト大流行の時と同じ。渡航医学の第一人者が「医学考古学」という観点から不安にならずに今を乗り切る知恵をまとめた。コロナ流行だけでなく今後の感染症流行対処法も紹介。

中流崩壊

橋本健二

経済格差が拡大し「総中流社会」は完全に崩壊した。そして今、中流が下流へ滑落するリスクが急速に高まっている。コロナ禍により中流内部の分断も加速している。『新・日本の階級社会』著者がさまざまなデータを駆使し、現代日本の断層をつぶさに捉える。

政治部不信
権力とメディアの関係を問い直す

南　彰

「政治部」は、聞くべきことを聞いているのか。斬り込む質問もなく、会見時間や質問数が制限されようと、オフレコ取材と称して政治家と「メシ」を共にする姿に多くの批判が集まる。政治取材の現場を知る筆者が、旧態依然としたメディアの体質に警鐘を鳴らす。

たのしい知識
ぼくらの天皇(憲法)・汝の隣人・コロナの時代

高橋源一郎

きちんと考え、きちんと生きるために——。明仁天皇のビデオメッセージと憲法9条の秘密、韓国・朝鮮への旅、宗主国と植民地の小説。ウイルスの歴史を、カミュ、スペイン風邪に遡り、たどりつく終焉、忘却、記憶、ことば。これは生きのびるための「教科書」だ。

コロナと生きる

内田　樹
岩田健太郎

人と「ずれる」ことこそ、これからのイノベーティブな生き方だ!「コロナウイルスは現代社会の弱点を突く〝21世紀の鬼っ子〟」という著者ふたりが、強まる一方の同調圧力や評価主義から逃れてゆたかに生きる術を説く。災厄を奇貨として自分を見つめ直すサバイバル指南書。

キリギリスの年金
統計が示す私たちの現実

明石順平

アリのように働いても、老後を公的年金だけで過ごすことは絶対不可能。円安インフレ、低賃金・長時間労働、人口減少……複合的な要素が絡み合う「年金制度」の未来とは。さらに、コロナ禍でますます悪化する日本財政の末路を豊富なデータをもとに徹底検証。

大阪から日本は変わる
中央集権打破への突破口

吉村洋文
松井一郎
上山信一

停滞と衰退の象徴だった大阪はなぜ蘇ったか。経済や生活指標の大幅改善、幼稚園から高校までの教育無償化、地下鉄民営化などの改革はいかに実現したか。「大阪モデル」をはじめ、新型コロナで国に先行して実効性ある施策を打てた理由は。10年余の改革を総括する。